Histoire de l'art
QCM illustré

Dans la même collection :

- *Comprendre l'hindouisme*, Alexandre Astier
- *Communiquer en arabe maghrébin*, Yasmina Bassaïne et Dimitri Kijek
- *QCM de culture générale*, Pierre Biélande
- *Le christianisme*, Claude-Henry du Bord
- *La philosophie*, Claude-Henry du Bord
- *Marx et le marxisme*, Jean-Yves Calvez
- *L'histoire de France*, Michelle Fayet
- *QCM Histoire de France*, Nathan Grigorieff
- *Citations latines expliquées*, Nathan Grigorieff
- *Philo de base*, Vladimir Grigorieff
- *Religions du monde entier*, Vladimir Grigorieff
- *Les philosophies orientales*, Vladimir Grigorieff
- *Les mythologies*, Sabine Jourdain
- *Découvrir la psychanalyse*, Edith Lecourt
- *Comprendre l'islam*, Quentin Ludwig
- *Comprendre la kabbale*, Quentin Ludwig
- *Le bouddhisme*, Quentin Ludwig
- *Les religions*, Quentin Ludwig
- *Les racines grecques du français*, Quentin Ludwig
- *La littérature française*, Nicole Masson
- *Dictionnaire des symboles*, Miguel Mennig
- *Histoire du Moyen Âge*, Madeleine Michaux
- *Histoire de la Renaissance*, Marie-Anne Michaux
- *L'Europe*, Tania Régin
- *Histoire du XXe siècle*, Dominique Sarciaux
- *Comprendre le protestantisme*, Geoffroy de Turckheim

David Thomisse
Quentin Ludwig

Histoire de l'art
QCM illustré

Deuxième édition

EYROLLES

Éditions Eyrolles
61, Bld Saint-Germain
75240 Paris Cedex 05
www.editions-eyrolles.com

Direction de la collection « Eyrolles Pratique » : gheorghi@grigorieff.com
Maquette intérieure et mise en page : M2M
Illustrations : David Thomisse et Nicolas Thomisse

Le chapitre sur l'art religieux a été rédigé par Quentin Ludwig

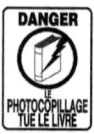 Le code de la propriété intellectuelle du 1er juillet 1992 interdit en effet expressément la photocopie à usage collectif sans autorisation des ayants droit. Or, cette pratique s'est généralisée notamment dans les établissements d'enseignement, provoquant une baisse brutale des achats de livres, au point que la possibilité même pour les auteurs de créer des œuvres nouvelles et de les faire éditer correctement est aujourd'hui menacée.
En application de la loi du 11 mars 1957, il est interdit de reproduire intégralement ou partiellement le présent ouvrage, sur quelque support que ce soit, sans autorisation de l'Éditeur ou du Centre Français d'Exploitation du Droit de Copie, 20, rue des Grands-Augustins, 75006 Paris.

© Groupe Eyrolles, 2003, 2007
ISBN 978-2-212-53822-9

Sommaire

Chapitre I
La préhistoire : Aux origines de l'art : 7

Chapitre II
L'Antiquité : L'Égypte, la Grèce et Rome 17

Chapitre III
Moyen Âge : L'art du Haut Moyen Âge, l'art roman et l'art gothique 45

Chapitre IV
Renaissance et Temps Modernes : L'art classique et l'art baroque.......... 65

Chapitre V
Le 19e siècle : La naissance de l'art moderne 85

Chapitre VI
Le 20e siècle : Des avant-gardes à l'art contemporain 109

Chapitre VII
À travers les âges... 137

Chapitre VIII
L'art religieux.. 157

Chapitre 1
La préhistoire :
Aux origines de l'art

Réponse 1

La réponse est A. Les premières représentations retrouvées jusqu'à ce jour sont datées du paléolithique supérieur. Il s'agit de dessins ou de gravures **schématiques** représentant des sexes (vers 35 000 - 30 000 av. J.-C.), et des célèbres sculptures de statuettes de Vénus (vers 27 000 av J.-C.). Ces figurations sont très probablement liées à un **culte de la fécondité**.

Question 1

À quelle période préhistorique correspond la naissance de l'art :

A. au Paléolithique
 (-500 000 à -10 000 avant notre ère) ?

B. au Mésolithique
 (-10 000 à -7 500 avant notre ère) ?

C. au Néolithique
 (-7 500 à -2 000 avant notre ère) ?

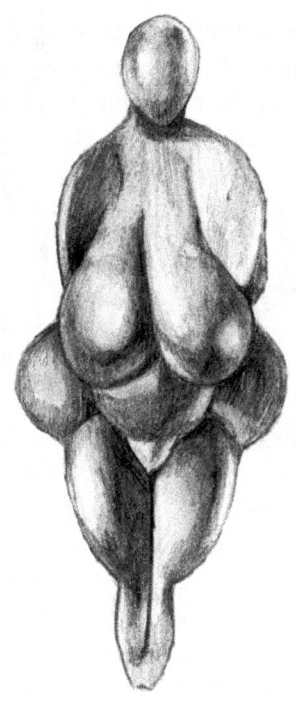

Vénus de Lespugues

Histoire de l'art

Question 2

Que désigne l'art rupestre :

A. les figures animalières ?
B. les peintures à caractère religieux ?
C. les peintures des grottes ?

Question 3

Qu'est-ce qu'une figurine stéatopyge :

A. une statuette en stéatite ?
B. une sculpture aux formes protubérantes ?
C. une figure de femme-oiseau ?

Réponse 2

La réponse est C. L'art rupestre, dit aussi **art pariétal**, désigne les représentations peintes ou gravées dans les grottes. Les peintures rupestres sont apparues vers **40 000 avant notre ère** et se rencontrent sur les cinq continents. Durant la préhistoire, cet art, qui met en scène de **grandes figures animales**, s'épanouit jusque vers 10 000 av. J.-C., date à laquelle il semble disparaître en se transportant à l'air libre. Aujourd'hui, on peut encore rencontrer des peintures pariétales, notamment chez les aborigènes d'Australie.

Réponse 3

La réponse est B. Le terme stéatopyge (de *steato*, graisse, et *pyge*, fesse) se rapporte aux petites statuettes de femmes sculptées en abondance durant le paléolithique supérieur. Ces figurines de calcaire ou d'ivoire, souvent obèses, se caractérisent par l'absence de visage, des fesses et des seins hypertrophiés. Les plus célèbres de ces **Vénus** sont celles de Willendorf, de Lespugues ou de Laussel.

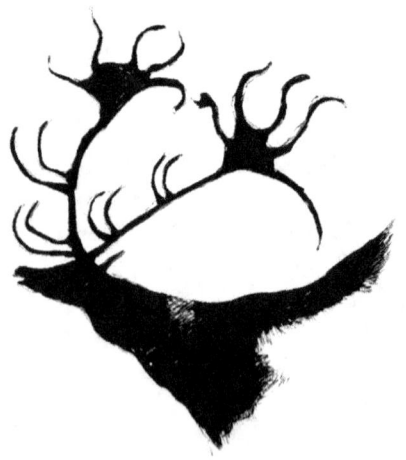

Figure de cerf, Lascaux

Chapitre 1 : La préhistoire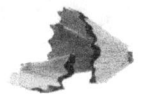

Réponse 4

La réponse est C. Cette technique, qui apparaît au néolithique, à une époque où le tour de potier n'existe pas, consiste à façonner un récipient en argile en enroulant sur eux-mêmes des **boudins d'argile** (colombins). Parallèlement à ce procédé de modelage, les artisans de l'époque avaient recours à des **moules de bois**. La céramique cuite est souvent décorée de motifs géométriques ou plus rarement de figures animales.

Réponse 5

La réponse est B. Ce sont les bisons et les chevaux qui apparaissent en plus grand nombre dans l'art pariétal, mais on rencontre aussi de nombreuses images de bouquetins, de taureaux, de cerfs et d'aurochs. Plus rares sont les représentations de lions, d'ours ou d'oiseaux. **La figure humaine est quasiment inexistante** avant le néolithique et semble maladroite en regard à la qualité des représentations animales.

Question 4

À quelle forme artistique se rapporte la technique du « colombin » :

A. à la peinture ?
B. à la sculpture ?
C. à la céramique ?

Question 5

Quels sont les animaux les plus fréquemment représentés durant la préhistoire :

A. le mammouth et l'auroch ?
B. le bison et le cheval ?
C. le cerf et le renne ?

L'art mobilier

Les archéologues ont aussi retrouvé dans les grottes des objets d'art mobilier tels que des harpons, des propulseurs ornés de figures animales, des lampes de pierre qui permettaient aux hommes de s'éclairer dans les cavernes, des parures, des cuillères et d'autres objets domestiques, mais aussi de simples pierres peintes ou gravées. Ces *artefacts* sont taillées dans le bois, la pierre ou l'ivoire.

Histoire de l'art

Question 6

Que signifie le terme Néolithique :

A. nouvelle pierre ?
B. pierre taillée ?
C. pierre gravée ?

Question 7

Combien de figures dénombre-t-on dans la grotte d'Altamira :

A. 60 ?
B. 130 ?
C. 930 ?

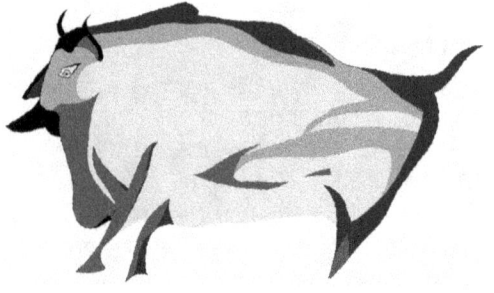

Figure de bison - Altamira

Réponse 6

La réponse est A. Ce terme se rapporte à la dernière période de la préhistoire, l'âge de la nouvelle pierre. Le Néolithique est marqué par une série de **révolutions majeures pour l'histoire de l'humanité** : sédentarisation, élevage et agriculture, apparition de la céramique et de la pierre polie qui a donné son nom à cette époque. Ce polissage de la pierre concerne surtout les outils qui se perfectionnent. La sculpture, essentiellement liée au culte des morts, est réalisée en céramique.

Réponse 7

La réponse est C. La grotte d'Altamira en Espagne comprend un ensemble impressionnant de peintures pariétales réalisées entre 15 000 et 12 000 avant J.-C. Peuplant les quelques 270 mètres de galeries, ces dernières représentent une **faune variée** (bisons, biches, chevaux et sangliers), mais aussi des **figures humaines**, des empreintes de mains et des motifs non-figuratifs.
Lorsqu'elles sont découvertes à la fin du 19e siècle, **ces œuvres suscitent l'incrédulité**. Ce n'est qu'après la découverte d'autres grottes ornées, vingt ans plus tard, que sera admise l'existence d'un art paléolithique.

Chapitre 1 : La préhistoire

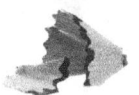

Réponse 8

La réponse est C. Découverte par hasard en 1940, la grotte de Lascaux, baptisée « **chapelle sixtine de la préhistoire** », connaît très rapidement un afflux massif de visiteurs (près de 1 200 par jour). Dès 1955, les fresques sont corrodées par l'acide carbonique contenu dans la vapeur d'eau expirée par le public, puis colorées par des algues et des mousses qui apparaissent en surface. La grotte est fermée, mais un **fac-similé**, créé en 1980, restitue la splendeur originale de Lascaux.

Réponse 9

La réponse est B. Ethnologue et archéologue français (1911 - 1986), **Leroi-Gourhan** a consacré sa vie à l'étude de la préhistoire. En rompant avec les stéréotypes établis, celui qui a déclaré « **Je cherche des hommes et non des pierres** » s'est efforcé de reconstituer la vie des hommes du paléolithique et a proposé une **classification stylistique de l'art des grottes**. Remise en cause il y a peu, cette dernière est à l'origine de l'histoire de l'art de la préhistoire.

Question 8

Quel événement entraîna la fermeture de Lascaux au public en 1963 :

A. un éboulement du couloir d'accès appelé le « diverticule des félins » ?

B. la multiplication des chauves-souris ?

C. la condensation occasionnée par l'abondance des visiteurs ?

Question 9

Pour quelle raison le nom de Leroi-Gourhan est-il associé à l'étude de la préhistoire :

A. il est le découvreur de la grotte Chauvet ?

B. il a révolutionné l'étude de la préhistoire ?

C. il a identifié les pigments utilisés dans les peintures pariétales ?

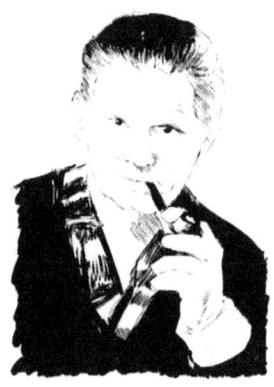

Leroi-Gourhan

Histoire de l'art

Question 10

Quelle est la particularité du site de Stonehenge, en Grande-Bretagne :

- A. il renferme des grottes ornées ?
- B. il abrite un monument mégalithique ?
- C. on y trouve les premières fresques murales ?

Question 11

Quel est le type de mégalithe représenté ci-dessous :

- A. un dolmen ?
- B. un menhir ?
- C. un cromlech ?

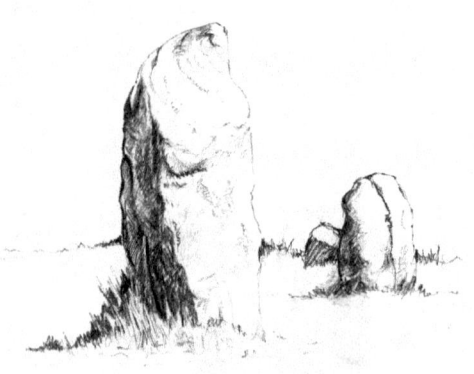

Réponse 10

La réponse est B. Si la légende attribue l'édification de ce complexe à Merlin, **Stonehenge** fut en réalité bâti en plusieurs phases (entre le Néolithique et l'âge du bronze). Le site, dont le nom signifie « **gibet de pierre** », est le plus célèbre complexe mégalithique du monde. Les pierres dressées, qui peuvent peser jusqu'à 50 tonnes, sont alignées sur le lever du soleil au solstice d'été. Cette disposition semble rattacher Stonehange à un **culte solaire**. Certains y voient également un sanctuaire.

Réponse 11

La réponse est B. Les menhirs (« pierres longues ») sont des monolithes dressés verticalement. Le terme cromlech désigne d'abord les piliers des chambres funéraires des dolmens, puis des cercles de pierre dressés. Enfin, les dolmens (« tables de pierre ») sont des chambres funéraires couvertes de dalles de pierres, et parfois d'un tumulus.

Chapitre 1 : La préhistoire

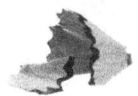

Réponse 12

La réponse est A. Parmi les premières figurations du paléolithique, on retrouve des **représentations de mains**, seules ou accompagnées de figures animales (site de Pech-Merle). Celles-ci peuvent être obtenues par empreinte positive (la main est enduite de colorant puis posée sur la paroi) ou négatives. L'artiste utilise alors le procédé du pochoir : muni d'un tube, il souffle des pigments sur sa main dont il obtient une image négative. Certaines de ces mains présentent des doigts mutilés, mais leur signification reste inconnue.

Question 12

Parmi les techniques de reproduction suivantes, laquelle fut utilisée dans les fresques ornant les grottes préhistoriques :

A. le pochoir ?
B. le quadrillage ?
C. les ombres projetées ?

La signification de l'art des grottes

Nombreuses sont les interprétations de l'art pariétal qui se sont succédées depuis le 19e siècle. On a tout d'abord défendu l'idée d'un art en soi, d'œuvres n'existant que pour elles-mêmes. Puis, les théories totémistes et chamaniques, défendues notamment par l'abbé Breuil et Leroi Gourhan, ont voulu faire des peintures rupestres des représentations magiques ou religieuses, liées à la chasse ou à la fertilité. Mais l'on a pu notamment constater que les animaux représentés n'étaient presque jamais ceux qui étaient réellement chassés. De plus, la plupart de ces interprétations font preuve d'un déterminisme ethnologique face auquel on doit se montrer très prudent. S'il semble certain que la production de ces images est indissociable des autres activités quotidiennes des hommes de la préhistoire, les motivations qui ont conduit à leur réalisation restent incertaines. Des interprétations peuvent être émises au cas par cas, mais ne doivent en aucun cas être généralisées à l'ensemble des œuvres préhistoriques.

Chapitre 2
L'Antiquité :
L'Égypte, la Grèce et Rome

Réponse 13

La réponse est A. Découverte en 1863 dans un sanctuaire de l'île de Samothrace, cette sculpture datant de la période hellénistique se dressait initialement sur la proue d'un navire, en célébration d'une victoire navale. L'effet de **drapé mouillé** et l'élégance du mouvement font de cette déesse ailée une représentation frappante de la virtuosité des artistes de l'**École de Rhodes** (2ᵉ siècle av. J.-C.).

Question 13

Quelle était la fonction de la célèbre *Victoire de Samothrace* conservée au Louvre :

A. elle décorait la proue d'un navire ?

B. elle ornait un temple dédié à *Athéna Nike*, la déesse de la victoire ?

C. elle surmontait la tombe d'une défunte ?

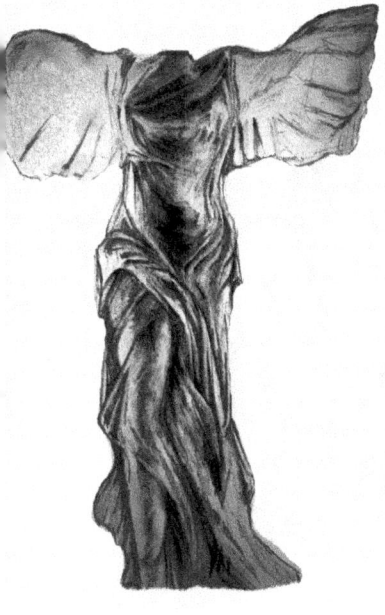

La Victoire de Samothrace

Histoire de l'art

Question 14

Quel héros grec a donné son nom à ce célèbre couple de statues égyptiennes :

A. Memnon ?
B. Héraclès ?
C. Molossos ?

Réponse 14

La réponse est A. Les colosses de Memnon, qui gardaient l'entrée du **temple funéraire d'Aménophis III**, tirent leur patronyme d'une légende de l'Illyade. Héros troyen, Memnon est tué par Achille et enterré près de Thèbes. Chaque matin, retentissait près de sa tombe la plainte de sa mère, l'Aurore.

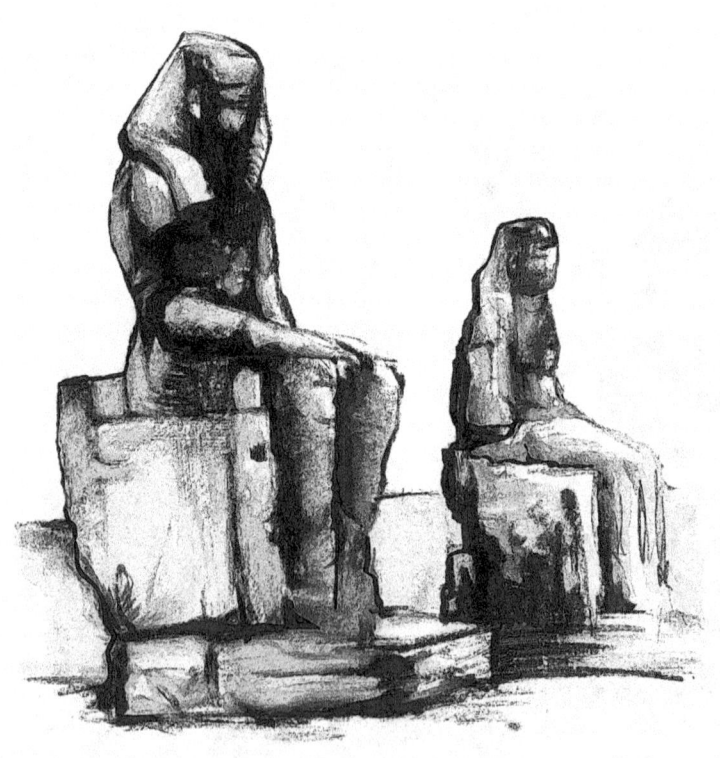

Chapitre 2 : L'Antiquité

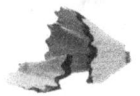

En 27 av. J.-C, un tremblement de terre fendit l'une des statues. Le vent qui s'engouffrait dans la faille produisait un sifflement et les grecs identifièrent la statue au héros de la légende d'Homère. Restaurée sous Septime Sévère (fin du 2e siècle), les Colosses de Memnon ont cessé de chanter.

Réponse 15

La réponse est A. **Influencée par la sculpture égyptienne**, cette première statuaire archaïque (entre 650 et 480 av. J.-C.) avait pour fonction d'**orner tombes et sanctuaires**. De grandeur nature ou monumentale (elles atteignent parfois 3,50 mètres), ces figures peuvent être masculines (*Kouros*) ou féminines (*Koré*). D'abord statiques et schématiques, ces sculptures vont peu à peu s'animer et gagner en réalisme.

Question 15

La sculpture grecque archaïque est caractérisée par un type de statuaire en pied représentant des hommes et des femmes à l'allure hiératique.
Comment appelle-t-on ces statues :

A. des Kouroï ?
B. des Vénus ?
C. des bustes ?

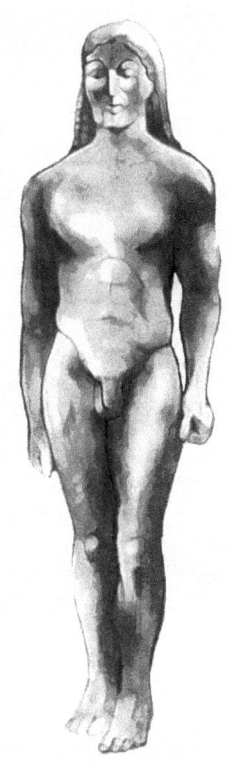

Histoire de l'art

Question 16

Sur base de l'assimilation à partir de quelle population s'est développé le monde romain :

- A. les Phéniciens ?
- B. les Égyptiens ?
- C. les Étrusques ?

Question 17

Quel Dieu égyptien préside aux rites de momification ?

- A. Anubis ?
- B. Isis ?
- C. Osiris ?

Réponse 16

La réponse est C. À partir du 4e siècle avant J.-C., les romains, vivant jusqu'alors sous tutelle étrusque, entreprennent de conquérir l'Italie. Mais la domination romaine passera par une digestion progressive de la culture étrusque. En témoigne notamment la fameuse **Louve du Capitole**, bronze issu des ateliers étrusques et symbole de la naissance de Rome. Durant les siècles suivants, l'art romain ne cessera de s'inspirer des cultures intégrées à l'Empire, de la Grèce à l'Egypte, en passant par la Mésopotamie.

Réponse 17

La réponse est A. Anubis est un **dieu à tête de chacal**. Cet animal charognard a très vite été assimilé aux rites de momification en raison de son intervention dans le processus de transformation des cadavres en squelettes. Selon la mythologie égyptienne, Anubis est celui qui assista Isis dans le rituel d'embaumement du corps démembré d'Osiris. **Dieu psychopompe**, il est le **gardien des nécropoles**, et plus particulièrement des sarcophages, mot qui signifie justement « qui mange la chair ».

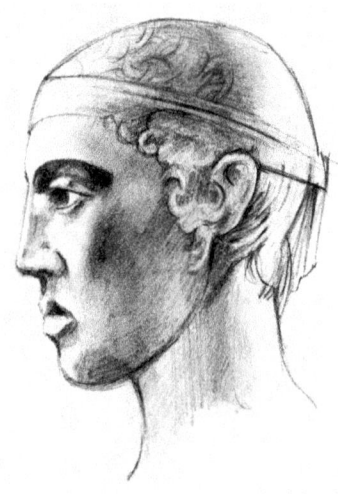

L'Aurige de Delphes

Chapitre 2 : L'Antiquité

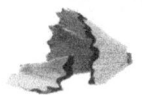

Question 18

Les exemplaires de statuaire grecque en bronze sont rares. Pour quelle raison :

A. les grecs ne réalisaient pas de sculpture en bronze ?

B. les bronzes grecs n'ont pas résisté à l'épreuve du temps ?

C. cette statuaire a été détruite ultérieurement ?

Réponse 18

La réponse est C. Si la production de statuaire grecque en bronze semble avoir été abondante, seuls de rares objets de petites dimensions nous sont parvenus, à quelques exceptions près (l'*Aurige de Delphes* notamment). S'il est vrai que le bronze résiste moins bien à l'épreuve du temps que la pierre, la **disparition des bronzes antiques** est surtout le fait des cultures ultérieures, souvent insensibles à la notion de patrimoine. C'est d'abord le fait des Romains, qui admiraient pourtant cette statuaire au point d'en faire de **nombreuses copies**. Après la chute de l'empire romain, les barbares feront fondre d'innombrables sculptures pour en faire des armes, des ustensiles ou frapper leur monnaie.

Question 19

Quel est le diamètre de la coupole du Panthéon :

A. 23 mètres ?

B. 43 mètres ?

C. 63 mètres ?

Réponse 19

La réponse est B. Érigé sous le règne d'Hadrien (vers 120 ap. J.-C.), le **Panthéon** rompt radicalement avec l'architecture des temples grecs. Sa coupole, inspirée de l'architecture du Proche-Orient, est **l'une des plus grandes jamais réalisées**. Durant la Renaissance, même les plus grands architectes (Brunelleschi, Bramante et Michel-Ange) ne parviennent pas à surpasser sa portée.

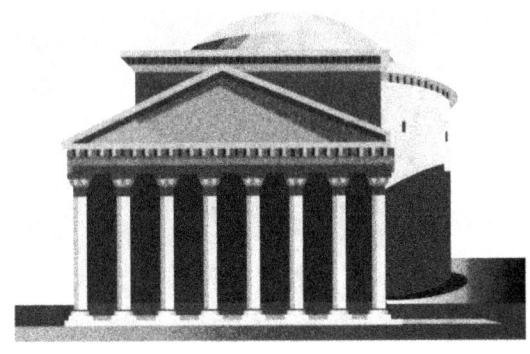

Le Panthéon

Histoire de l'art

Question 20

Quel souverain du Nouvel Empire entreprit une réforme religieuse qui révolutionna temporairement l'esthétique égyptienne :

A. Akhénaton ?
B. Toutankhamon ?
C. Néfertiti ?

Réponse 20

La réponse est A. Lorsqu'il accède au trône, **Aménophis IV** entreprend une réforme artistique et religieuse sans précédent. Il instaure un culte unique dédié à Aton, **le disque solaire,** et se fait rebaptiser Akhénaton. Le pharaon ferme les temples consacrés aux autres dieux et fait construire sa capitale, l'actuelle Amarna, qui a donné son nom aux nouvelles formes artistiques de cette période (**art amarnien**). Les œuvres de cette époque se caractérisent par l'abandon du hiératisme strict et de l'idéalisation. Les artistes amarniens créent des **œuvres expressives et vivantes**, uniques dans l'art égyptien.

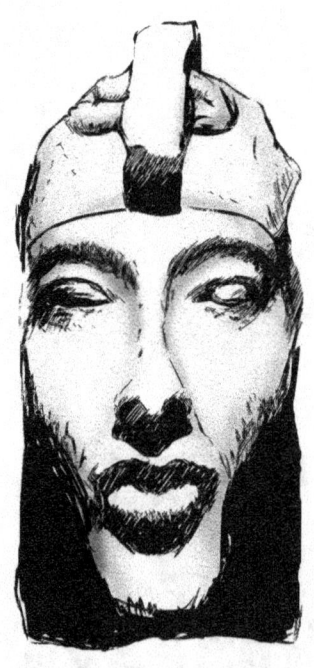

Portrait amarnien

Chapitre 2 : L'Antiquité

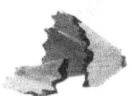

Réponse 21

La réponse est C. De dimensions colossales (230 m de côté sur 150 de hauteur), cette **tombe royale**, dont la forme symbolise la diffusion des rayons solaires, est composée de plus de deux millions de blocs de pierres. Originellement **recouverte de calcaire blanc**, on la surnommait « la brillante ». Les blocs, qui pèsent de deux à trente tonnes, étaient acheminés jusqu'au chantier par bateau, lorsque les crues du Nil inondaient la région, puis hissés sur de gigantesques rampes de briques.

Question 21

De combien de blocs est constituée la pyramide de Chéops :

A. 20 000 ?
B. 200 000 ?
C. 2 000 000 ?

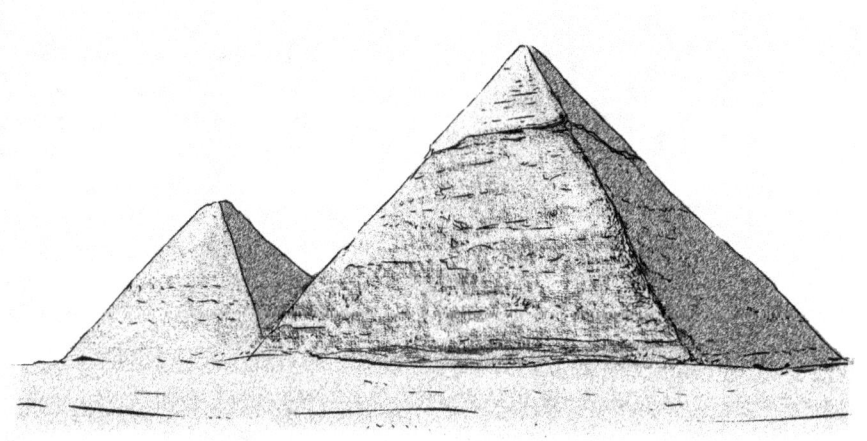

Les pyramides de Gizeh

Histoire de l'art

Question 22

Quelles sculptures sont surnommées les « marbres d'Elgin » :

A. les frises du Parthénon ?
B. les frises de la colonne trajane ?
C. les frises du temple de Zeus à Olympie ?

Question 23

Qui était Praxitèle :

A. un sculpteur grec ?
B. un peintre romain ?
C. un empereur romain ?

Réponse 22

La réponse est A. en 1801, **Lord Elgin**, ambassadeur d'Angleterre à Constantinople, achète aux Turcs qui ont conquis la Grèce les frises du Parthénon. Ramenées à Londres, elles seront acquises par le gouvernement britannique en 1816 et transférées au *British Museum*. Sculptées par Phidias vers 440 av. J.-C., ces bas-reliefs, qui ornaient le temple d'Athéna Parthénos sur l'**Acropole**, représentent, sur quelque 160 mètres, une **procession de Panathénées**. La frise extérieure, quant à elle, met en scène le récit mythique de la **gigantomachie**.

Réponse 23

La réponse est A. **Praxitèle**, actif à Athènes entre 370 et 320 av. J.-C., fut **le sculpteur le plus renommé de toute l'Antiquité**. Auteur d'un canon, Praxitèle, connu pour ses Aphrodites nues (la Vénus de Cnide notamment), renouvelle le style de la statuaire classique. Tout en conservant le **déhanché traditionnel**, il insuffle à ses marbres une élégance inédite. Plus expressives et sensuelles, ses sculptures adoptent des **poses alanguies**, qui fixeront le type de la statuaire hellénistique.

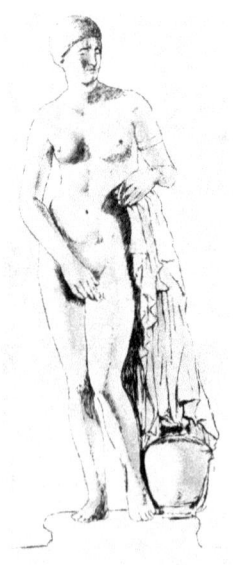

La Vénus de Cnide

Chapitre 2 : L'Antiquité

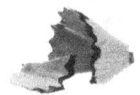

Réponse 24

La réponse est A. Le mastaba, mot arabe signifiant « **banquette** », est le type de tombe privée en usage durant tout l'Ancien Empire. Cette superstructure de pierre **en forme de pyramide tronquée**, qui évoque la butte de terre originale de la cosmologie égyptienne, surmonte un puits qui mène à la chambre funéraire. Vers 2800 av. J.-C., le pharaon Djeser fait évoluer la structure du mastaba et fait construire la première pyramide (Saqqarah). Les hauts fonctionnaires, quant à eux, continuent de se faire enterrer dans les mastabas, à proximité de leur souverain.

Question 24

Qu'est-ce qu'un mastaba :

A. une tombe ?
B. un temple ?
C. un palais ?

L'art du portrait à Rome

Influencé par la culture étrusque, l'art romain a su se détacher dès ses origines de l'idéalisation caractéristique de la statuaire grecque, et se tourne vers l'individu plutôt que vers les dieux. La sculpture romaine est avant tout un art de propagande, encré dans l'histoire, qui glorifie l'Empire, ses grands personnages et ses citoyens. C'est pourquoi le portrait sculpté occupe une position centrale dans la statuaire romaine. Souvent lié au culte des ancêtres, il constitue toujours une véritable investigation psychologique. D'où le grand réalisme des portraits qui exaltent avec réalisme la personnalité et les vertus morales de l'individu.

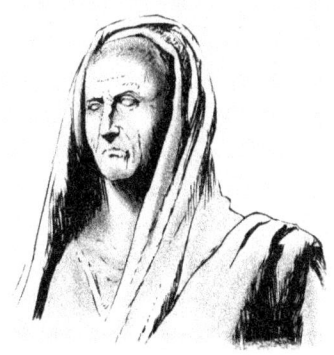

Patricien romain, 1er siècle av. J.-C.

Histoire de l'art

Question 25

À quelle production se rapportent les techniques dites « de la figure noire » et « de la figure rouge » :

- A. aux céramiques ?
- B. aux sculptures polychromes ?
- C. aux peintures à fresque ?

Réponse 25

La réponse est A. La Grèce antique a connu une industrie florissante de céramiques peintes, aux formes et fonctions extrêmement variées. Ces **produits de luxe** sont ornés de récits mythologiques ou de scènes de la vie quotidienne. À partir du 7e siècle av. J.-C., ces décorations sont d'abord **peintes en noir** sur l'argile nue. Les détails y sont ajoutés par incision après cuisson. Corinthe, puis Athènes, sont les principaux foyers de production de ce type de céramique dite à « **figure noire** ». La technique de la « **figure rouge** » est inventée vers 525 av. notre ère, et coexiste quelques temps avec la précédente. Cette fois, les figures sont **obtenues par réserve** sur la poterie dont la surface est entièrement vernie. Les figures, dont les détails sont élaborés au pinceau, atteignent un degré de finesse et de réalisme inégalé.

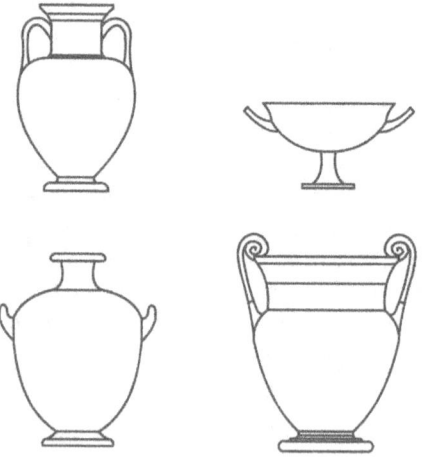

Les quatre types de vases grecs les plus répandus : Amphore (en haut à gauche), ciboire (en haut à droite), hydrie (en bas à gauche) et cratère (en bas à droite)

Chapitre 2 : L'Antiquité

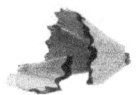

Réponse 26

La réponse est C. La mythologie égyptienne présente Horus, le dieu faucon **fils d'Isis et d'Osiris**, comme successeur du dieu Rê et premier roi divin d'Égypte. Depuis la Ire dynastie, son nom est associé au pharaon, qui est l'« Horus des vivants ». Dans de nombreuses représentations, il porte la **double couronne d'Égypte** et le **serpent-uraeus** caractéristique de la royauté. Sur la statue de Chéphren, conservée au Caire, on le voit enlacer de ses ailes la tête du pharaon.

Réponse 27

La réponse est A. On a retrouvé dans une **nécropole mycénienne** de cette importante ville antique un très grand nombre de figurines de terre cuite polychrome. Fabriquées dans des moules, les « tanagras » se répandent dans tout le monde antique entre le 6e et le 2e siècle de notre ère, et sont copiées jusqu'en Égypte. Les sujets varient avec les époques : figures féminines, répliques de chefs-d'œuvre antérieurs, représentations animales. Ces sculptures se distinguent par leur **raffinement** et le **souci du détail**.

Question 26

Quel était le Dieu protecteur de la royauté dans l'Égypte ancienne :

A. Osiris ?
B. Rê ?
C. Horus ?

Question 27

La ville antique de Tanagra, près de Thèbes, est connue pour :

A. ses petites statuettes votives ?
B. son amphithéâtre ?
C. ses fresques ?

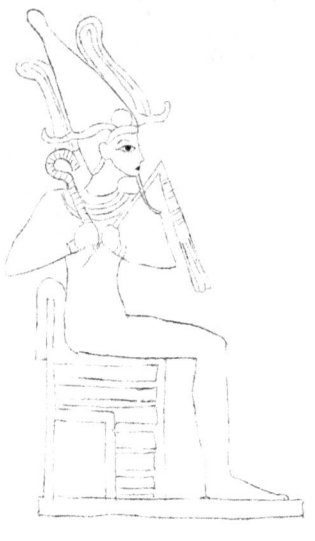

Osiris

Histoire de l'art

Question 28

Qu'est-ce qu'une tesselle :

A. un petit pavé de mosaïque ?
B. un fragment de poterie ?
C. un type de vase grec à la forme arrondie ?

Question 29

Quelle est la couleur du lapis-lazuli :

A. rouge ?
B. vert ?
C. bleu ?

Réponse 28

La réponse est A. Les tesselles sont des morceaux de terre cuite, de verre ou de pierre utilisés en mosaïque à partir de la période hellénistique. **Taillés à la main**, ces fragments, qui peuvent être minuscules (jusqu'à un 1/2 mm^2), remplacent peu à peu les galets dans l'élaboration des mosaïques antiques. Leur finesse et la variété de leurs tons donnent un **résultat naturaliste parfois très proche de la peinture.** Les plus belles mosaïques antiques ont été retrouvées à **Pompéi** et **Herculanum.**

Réponse 29

La réponse est C. Le lapis-lazuli, (« pierre bleue ») est le nom d'une pierre ornementale connue depuis la préhistoire. **Très prisée durant l'Antiquité** (Égypte et Mésopotamie notamment), elle entre dans la confection des bijoux. Durant le Moyen Âge et la Renaissance, on la broie pour obtenir un **pigment précieux** : le bleu outremer, que l'on réserve généralement au coloriage du manteau de la Vierge. Cette couleur est remplacée au 19e siècle par un **pigment de synthèse.**

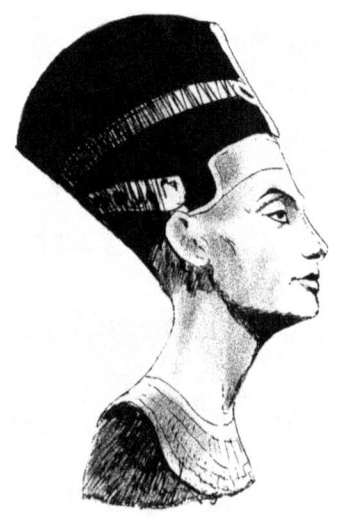

Néfertiti

Chapitre 2 : L'Antiquité

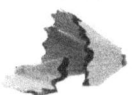

Réponse 30

La réponse est A. La période géométrique, qui succède à une période obscure, se caractérise par une abondante production de vases décorés de motifs géométriques alignés en bandeaux. Ce sont d'abord de **simples cercles, losanges et rosettes**, puis des **représentations animales** schématiques. À partir du 8e siècle, la **figure humaine** apparaît, encore fortement stylisée.

Réponse 31

La réponse est B. Hatshepsout s'empare du pouvoir à la mort de son mari et demi-frère Toutmosis II. Régente, elle va bientôt **s'auto-proclamer pharaon** et écarte du pouvoir Thoutmosis III, son neveu. Elle mène un règne exemplaire (vers 1505 - 1482 av. J.-C.). Après sa mort mystérieuse, son successeur va s'évertuer à effacer toute trace de sa personne, peut-être par vengeance, mais aussi parce que **le pharaon est par essence un homme**. Au cours de son règne, Hatshepsout va d'ailleurs masculiniser progressivement ses représentations : ses seins disparaissent peu à peu, elle porte la barbe postiche des pharaons et prend un nom de règne masculin.

Question 30

Quel adjectif relatif aux décors peints sur céramique a donné son nom à la période qui couvre, en Grèce, les 9e et 8e siècles :

A. géométrique ?

B. classique ?

C. hermétique ?

Question 31

Quelle est la reine d'Égypte dont nom et image on été détruits de façon systématique par ses successeurs :

A. Cléopâtre ?

B. Hatshepsout ?

C. Néfertiti ?

Histoire de l'art

Question 32

Le sphinx égyptien est une représentation :

A. du pharaon ?
B. du dieu des morts Osiris ?
C. de Bastet, la déesse à tête de chat ?

Réponse 32

La réponse est A. Cette créature hybride d'origine égyptienne est un lion à tête humaine. Dès les origines, il est le **symbole de la royauté**, parce que le lion est l'**animal solaire par excellence**. Le sphinx sera d'ailleurs assimilé ultérieurement au dieu-soleil Rê. Parfois, on le représente avec une tête de faucon (hiéracosphinx) ou de bélier (criosphinx), également identifiés au souverain. **Le plus célèbre sphinx est celui de Gizeh**, gardien de la grande pyramide du pharaon Chéops, dont il est la représentation.

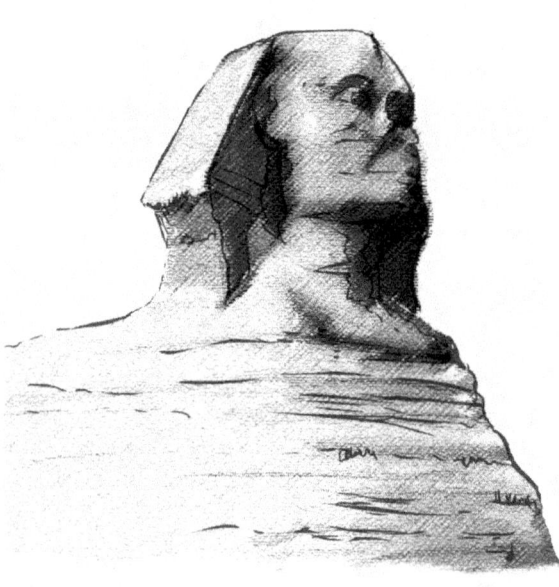

Le Sphinx de Gizeh

Chapitre 2 : L'Antiquité

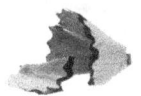

Réponse 33

La réponse est B. Les jeux athlétiques, liés au Culte de Zeus, apparaissent en Grèce dès le 8e siècle av. J.-C, d'abord à Olympie, puis à Delphes et Corinthe. On sait que les vainqueurs des jeux avaient le privilège de **déposer leur propre effigie dans le sanctuaire de Zeus**, à proximité du stade. De plus, la sculpture archaïque représente un type canonique de **figures d'hommes nus**. Or, nous savons que, durant les jeux, les athlètes concouraient entièrement dévêtus.

Question 33

Pour quelle raison a-t-on pu dire que la sculpture grecque trouve son origine dans les stades olympiques :

A. les plus anciennes sculptures ont été retrouvées à Olympie ?

B. le type de l'athlète joue un rôle important dans la naissance de la statuaire grecque ?

C. les premières sculptures représentent Zeus Olympien ?

Question 34

L'arc de triomphe était, à l'origine :

A. une porte ?

B. un socle ?

C. une tombe ?

Réponse 34

La réponse est A. Dans la Rome antique, **le triomphe est une cérémonie honorifique** décernée à un empereur romain ayant remporté une importante victoire. Le triomphe était la seule occasion permettant aux légions en armes de pénétrer dans la ville, par un porche provisoire, décoré pour l'occasion. Transposé en pierre ou en marbre, ce type de monument, qui est une **invention romaine**, est orné de bas-reliefs et parfois surmonté d'une statue équestre. Un des exemplaires les plus célèbres est l'**arc de Constantin à Rome**.

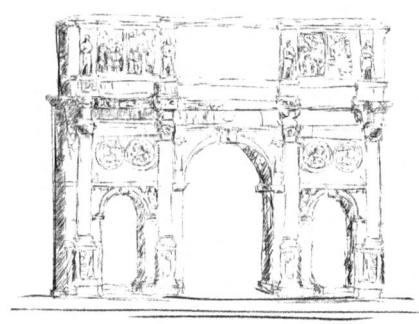

L'arc de triomphe de Constantin

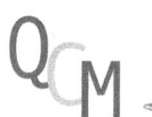

Histoire de l'art

Question 35

L'obélisque est un symbole :

A. solaire ?
B. phallique ?
C. céleste ?

Question 36

Qu'est-ce que le contrapposto :

A. un procédé de réplique des sculptures en marbre inventé par les Romains ?
B. le fait d'adosser la statuaire à une paroi pour éviter qu'elle ne se brise ?
C. une attitude asymétrique typique de la statuaire antique ?

Réponse 35

La réponse est A. Création purement égyptienne, l'obélisque, qui forme un trait d'union entre la terre et le ciel, est avant tout un symbole solaire, signe de la **relation intime** qui unit le pharaon avec le dieu soleil Rê qui trône sur le Panthéon égyptien. Dressés par paires à l'entrée des temples, ces **monolithes de granit**, hauts de 20 à 30 mètres, étaient d'ailleurs surmontés d'un **pyramidion** recouvert d'or ou d'électrum.

Réponse 36

La réponse est C. Si **la statuaire grecque archaïque hérite du hiératisme égyptien,** les sculpteurs de l'âge classique, en quête de réalisme et d'élégance, insufflent à leurs œuvres un **dynamisme nouveau**. Les personnages, en appui sur une jambe, se déhanchent, et cette impulsion dicte l'élan du reste du corps. Cette attitude confère à la statuaire un **mélange de tension et de relaxation**. Remis à l'honneur par le **David de Donatello**, le contrapposto redeviendra le canon durant toute la Renaissance, et sera parfois appliqué avec une certaine exagération.

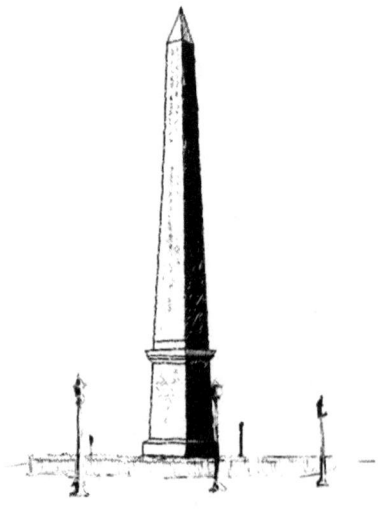

L'obélisque de la place de la Concorde à Paris

Chapitre 2 : L'Antiquité

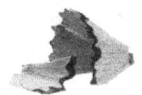

Réponse 37

La réponse est A. Réalisés entre le 1er et le 4e siècle de notre ère, le plus souvent à l'encaustique sur bois, les portraits du Fayoum, région de Haute-Égypte, peints habituellement par des artistes grecs, sont une **production hybride** et constituent probablement le modèle des icônes du Moyen Âge. D'un **réalisme exceptionnel**, ces portraits, que l'on a retrouvés par centaines dans les **nécropoles** du Fayoum, étaient destinés à accompagner le défunt dans l'au-delà.

Réponse 38

La réponse est C. Malgré les précautions, les pyramides sont pillées dès leur fermeture. À partir du Nouvel Empire, les pharaons décident de placer leur dépouille dans des **tombeaux creusés dans la roche**, à l'abri des regards. Le site choisi est une vallée désertique non loin de Louxor, la **Vallée des Rois**. Ce complexe, qui abrite plus de 60 tombes, a tout de même été pillé durant les siècles suivants. La **tombe de *Toutankhamon***, découverte intacte en 1952, est le seul témoin du faste de ces sépultures.

Question 37

D'où proviennent les premiers portraits peints jamais découverts :

A. du Fayoum, en Égypte ?
B. de Cnossos, en Crète ?
C. de Pompéï, en Italie ?

Question 38

À partir du Nouvel Empire, les pharaons cessent de se faire construire des pyramides funéraires.

Quelle est la cause de ce changement :

A. la réforme religieuse d'Aménophis IV ?
B. l'effondrement de certaines pyramides ?
C. le pillage des tombes ?

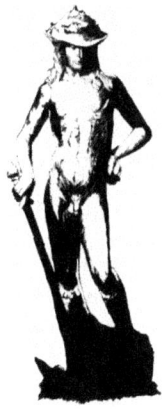

Le David de Donatello

Histoire de l'art

Question 39

Que désigne le « style pompéien » ?

A. la sculpture officielle de la Rome antique ?
B. la peinture murale de la Rome antique ?
C. l'art romain du règne de Pompée ?

Question 40

À quelle figure légendaire la civilisation minoéenne doit-elle son nom :

A. le roi Minos ?
B. le Minotaure ?
C. la Déesse Minerve ?

Réponse 39

La réponse est B. Cette appellation générique tire son origine des fresques retrouvées à Pompéi, et qui constituent, aux côtés de celles d'Herculanum et de Strabies, l'un des rares vestiges de la peinture antique. Les historiens ont divisé cette production en quatre styles qui se succèdent dans le temps, entre 200 av. J.-C. et 90 ap. J.-C. : le « **style à incrustations** » qui imite le marbre, le « **style architectural** », en trompe-l'œil, le « **style ornemental** », décoratif, et enfin le « **style illusionniste** » plus fantaisiste.

Réponse 40

La réponse est A. Minos est le fondateur légendaire de cette **première grande civilisation de la Grèce antique**, qui connaît son âge d'or vers 2000 av. J.-C. Selon la légende, il parvient à enfermer dans le labyrinthe le Minotaure, **monstre hybride** mi-homme, mi-taureau. Cette légende semble avoir profondément inspiré l'art minoéen, en témoignent notamment la complexité du plan des palais crétois et la multitude des représentations de taureaux dans la sculpture et l'art de la fresque.

Chapitre 2 : L'Antiquité

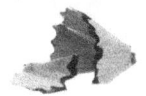

Réponse 41

La réponse est B. Le terme hypostyle, littéralement « sous les colonnes », désigne, dans les temples antiques une vaste salle munie de colonnes qui soutiennent le plafond. En Égypte, les colonnes, d'inspiration végétale, forment une véritable « **forêt de pierre** ». Pour les Égyptiens, **le temple est un microcosme**, et cette profusion de colonnes symbolise la végétation montant vers le ciel. La plus célèbre salle hypostyle, qui couvre 6000 m² et compte 134 colonnes, est celle du temple d'Amon à Karnak.

Réponse 42

La réponse est A. Si l'usage du cuivre ou de l'argent est relativement modéré jusqu'à la Basse-Époque, l'or est abondamment utilisé, pour des **raisons symboliques**. Imputrescible et solaire, ce métal est la « chair des dieux ». La croyance égyptienne dans la vie dans l'au-delà suppose une parfaite **conservation des corps**, d'où le procédé de momification. C'est aussi pour cette raison que l'or est abondamment utilisé dans un contexte funéraire, en témoigne notamment le splendide Masque d'or de Toutankhamon.

Question 41

Qu'est-ce qu'une salle hypostyle :

A. une salle creusée dans la roche ?
B. une salle dont le plafond est soutenu par des colonnes ?
C. une chambre funéraire ?

Question 42

Dans l'Égypte ancienne, quelle matière précieuse porte le surnom de « chair des dieux » :

A. l'or ?
B. le lapis-lazuli ?
C. l'albâtre ?

Les ressources minérales de l'Égypte

L'Égypte est une terre riche qui fournit aux artisans tous les matériaux nécessaires à la construction (le granit rose, le grès, le schiste, le calcaire ou encore la terre argileuse du Nil). Mais ses gisements regorgent également de pierres précieuses : jaspe, lapis-lazuli, cornaline, turquoise, améthyste, etc. L'or et le cuivre, que l'on trouve en abondance dans le sol égyptien sont aussi ramenés de Nubie (« pays de l'or »). Cette richesse naturelle explique l'abondance d'objets précieux et de bijoux produits par une civilisation qui, en outre, ne possédait pas de véritable monnaie.

Histoire de l'art

Question 43

De quelle plante est inspirée la colonne représentée ci-dessous :

A. du papyrus ?
B. du roseau ?
C. du lotus ?

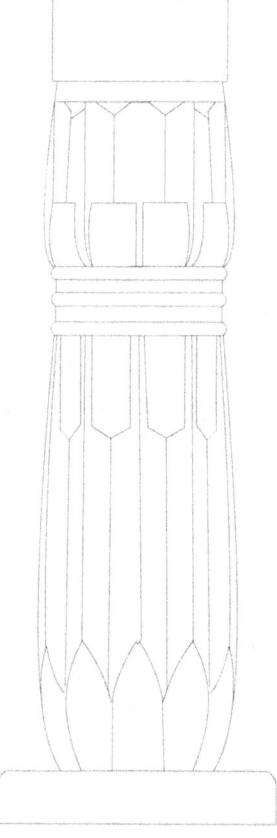

Réponse 43

La réponse est A. Depuis les origines, les colonnes égyptiennes imitent **les colonnes de bois ou les décorations végétales**. La colonne papyriforme est le type le plus répandu, le papyrus étant la plante héraldique de la Basse-Égypte, et le **symbole de fertilité** par excellence (papyrus **se lit « vert » en égyptien**). Il existe de nombreuses variantes de la colonne papyriforme : à fût lisse, à faisceau de tiges à ombrelle fermée, ou ouverte (colonne campaniforme).

Chapitre 2 : L'Antiquité

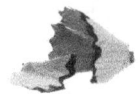

Réponse 44

La réponse est B. L'histoire de l'Égypte pharaonique se divise en **trois grandes époques**, entrecoupées de périodes de troubles dites « **périodes intermédiaires** » : l'**Ancien Empire** (v. 3000 - 2260 av. J.-C.), le **Moyen Empire** (v. 2050 - 1750 av. J.-C.) et le **Nouvel Empire** (v. 1550 - 1150 av. J.-C.). Les époques ultérieures voient le déclin de la civilisation égyptienne, puis la domination romaine. C'est durant le Nouvel Empire que seront menées les grandes conquêtes et que seront bâtis les plus importants édifices de l'Égypte ancienne.

Réponse 45

La réponse est C. Aimée de **Jules César** et d'**Antoine**, Cléopâtre parvient à conserver l'autonomie de l'Égypte face au puissant empire romain. Mais lorsque les deux généraux sont défaits par **Auguste**, Cléopâtre, qui a juste 30 ans, se donne la mort en se faisant mordre par un aspic. Après sa disparition, **l'Égypte devient une province romaine**. L'art, qui a conservé son authenticité durant plus de 3 000 ans et a su s'enrichir de l'influence gréco-romaine, sombre alors dans l'éclectisme.

Question 44

La XVIIIe dynastie, celle de Toutankhamon et des Ramessides, est l'une des plus prestigieuses du Nouvel Empire, et la plus connue de l'histoire de l'Égypte ancienne. Quelle période couvre-t-elle :

A. de 2250 à 2113 av. J.-C. ?

B. de 1539 à 1293 av. J.-C. ?

C. de 122 à 43 av. J.-C. ?

Question 45

En 30 av. J.-C., la mort d'un souverain égyptien marque la fin de l'Égypte pharaonique. Quel est son nom :

A. Ptolémée ?

B. Ramses III ?

C. Cléopâtre ?

Histoire de l'art

Question 46

Qu'est-ce qu'un vase canope :

- A. un récipient censé contenir l'âme du mort (le Bâ) ?
- B. un récipient enfermant les viscères du momifié ?
- C. Un récipient contenant de l'eau sacrée ?

Question 47

Quelle est la date de la découverte de la tombe de Toutankhamon :

- A. 1799 ?
- B. 1847 ?
- C. 1922 ?

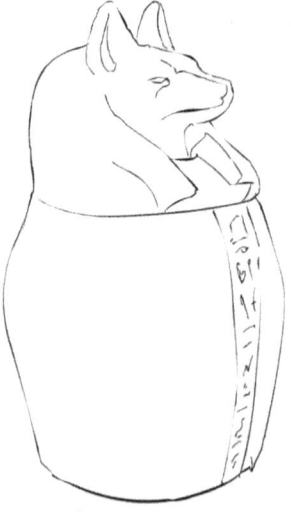

Vase canope

Réponse 46

La réponse est B. Les canopes tirent leur nom d'une **ville du Delta** où Osiris était adoré sous la forme d'une jarre dont le bouchon représentait la **tête de dieu**. Ce sont les récipients dans lesquels les prêtres recueillent les viscères du défunt et dont le retrait est nécessaire pour éviter le pourrissement du corps embaumé. Le couvercle de ces récipients, toujours présents au nombre de quatre, prennent la forme d'une tête humaine ou animale, **figures protectrices** des organes. Les vases canopes sont également très répandus dans l'art étrusque.

Réponse 47

La réponse est C. Mise à jour par l'archéologue anglais **Howard Carter** et lord **Carnavon**, cette tombe renfermait un **trésor fabuleux** comprenant quelque 2 000 objets destinés à **accompagner le défunt dans l'au-delà**. Si le faste de cette sépulture a fait de ce pharaon la figure la plus célèbre de l'Égypte pharaonique, Toutankhamon semble pourtant n'avoir été qu'un **souverain secondaire**. Mort mystérieusement avant sa vingtième année, il est enterré à la hâte dans une tombe qui ne lui était pas destinée, et les traces de son règne sont effacées par ses successeurs.

Chapitre 2 : L'Antiquité

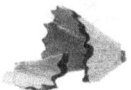

Le tombeau de Toutankhamon

Le complexe funéraire du jeune pharaon suit le plan classique des tombes de la XVIIIe dynastie. Un escalier débouche sur un corridor (A) qui mène à l'antichambre (B). Dans cette pièce sont déposés les objets domestiques destinés à accompagner le défunt dans l'au-delà (lits funéraires, statues d'Anubis, vases, etc.). Une pièce annexe (C), murée, contient un amoncellement d'objets divers, offrandes et aliments. La chambre funéraire en elle-même (D) est peinte de fresques représentant le voyage du défunt sur la barque solaire. Gardée par deux sentinelles à tête de vautour, elle renferme le triple sarcophage de Toutankhamon, dont le dernier, en or massif, pèse quelque 110 kilos. Enfin, la chambre au trésor abrite les objets les plus précieux : statuettes, coffrets, vases, etc. Il faudra près de cinq années pour répertorier l'ensemble des objets contenus dans la tombe de Toutankhamon.

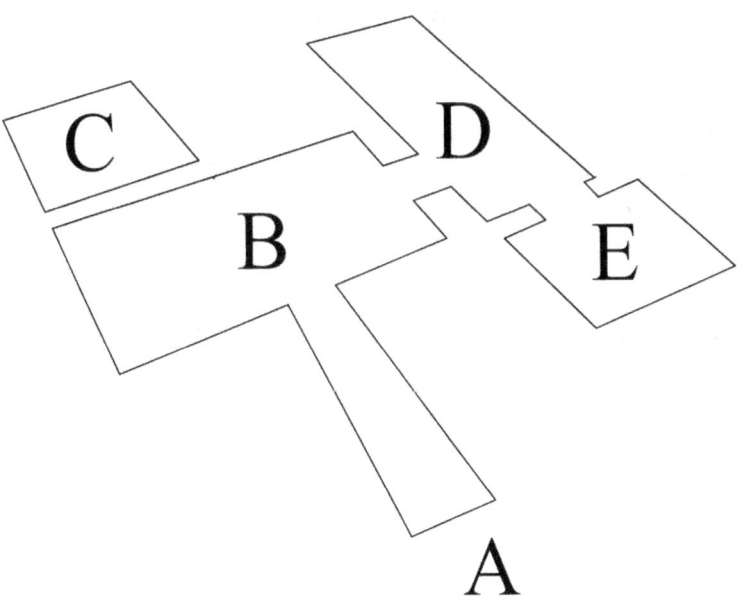

Histoire de l'art

Question 48

Lequel de ces monuments ne fait pas partie des *Sept merveilles du monde* :

- A. le Phare d'Alexandrie ?
- B. la Tour de Babel ?
- C. la Pyramide de Chéops ?

Question 49

La découverte, en 1799, de la *Pierre de Rosette* par un membre de l'expédition d'Égypte menée par Napoléon, fut capitale pour la connaissance de l'Égypte ancienne. Pour quelle raison :

- A. elle indiquait l'emplacement de la tombe de Toutankhamon ?
- B. elle dévoilait les techniques de construction des pyramides ?
- C. elle a rendu possible le déchiffrement des hiéroglyphes. ?

Réponse 48

La réponse est B. La tour de Babel n'est pas au compte des *Sept merveilles du monde*, dont l'énumération est attribuée à **Philon de Byzance** (3e siècle avant notre ère). Cet ingénieur alexandrin dresse l'inventaire des **plus prestigieux monuments** du monde antique en fonction des critères de taille, de beauté et de prouesse technique. Ce sont les jardins suspendus de Babylone, la statue de Zeus à Olympie, le temple d'Artémis à Éphèse, le mausolée d'Halicarnasse, le colosse de Rhodes, le phare d'Alexandrie et la Pyramide de Chéops à Gizeh.

Réponse 49

La réponse est C. Cette **pierre de basalte** noir porte l'inscription d'un décret datant de Ptolémée V (vers 200 av. J.-C.). Le texte y est transcrit en trois langues : hiéroglyphique, démotique (égyptien tardif) et grec. En comparant ces dernières, l'égyptologue français **Jean-François Champollion** se rend compte que les hiéroglyphes ne sont pas seulement des idéogrammes, mais peuvent être utilisés comme signes phonétiques. Fort de cette découverte, il parviendra à percer le secret de l'écriture égyptienne.

Chapitre 2 : L'Antiquité

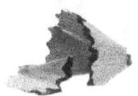

Réponse 50

La réponse est B. Ces trois ordres se succèdent en Grèce durant la période archaïque et **définissent le style architectural des temples**. Le plus ancien d'entre eux est le style dorique. Inspiré des constructions en bois, il apparaît en Grèce continentale vers la fin du 7e siècle av. J.-C. et se caractérise par une **extrême simplicité**. Lui succédant de peu, le style ionique, d'inspiration orientale, se développe sur la côte est de la Mer Égée. Les colonnes, plus élancées, sont cannelées et coiffées d'un **chapiteau à volutes**. C'est au 5e siècle av. J.-C. qu'apparaît le dernier de ces ordres canoniques, dit corinthien. Plus élaboré, il se distingue par des chapiteaux décorés de **feuilles d'acanthe**.

Question 50

Parmi les trois propositions suivantes, quelle est la succession chronologique correcte :

A. ionique - dorique - corinthien ?
B. dorique - ionique - corinthien ?
C. corinthien - ionique - dorique ?

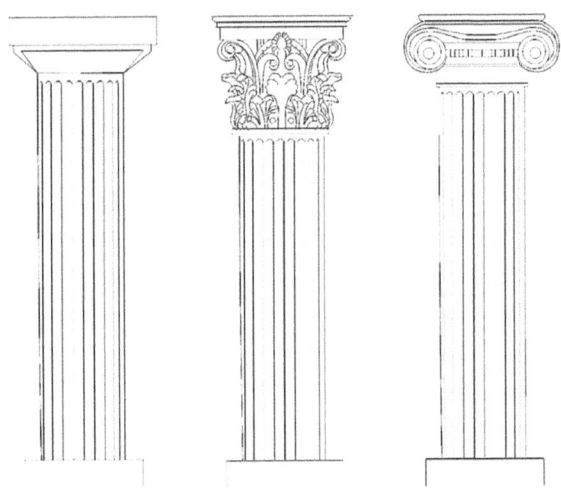

De gauche à droite :
colonne dorique - colonne corinthienne - colonne ionique

43

Histoire de l'art

Question 51

Selon un récit de Pline, un concours opposa les deux plus grands peintres de l'Antiquité, Zeuxis et Perrhasios. Ce dernier remporta la compétition. Que représentait son tableau :

A. une femme nue ?
B. une grappe de raisins ?
C. un rideau ?

Réponse 51

La réponse est C. Alors que Zeuxis peint une grappe de raisins si réelle qu'elle attire même les oiseaux, Perrhasios expose un tableau recouvert par un rideau. Son rival, empli d'orgueil, lui demande de soulever le tissu pour découvrir l'œuvre cachée. Mais lorsqu'il découvre que le rideau est peint, **il accorde sans discuter la victoire à Perrhasios**. Depuis, il est de coutume de peindre, au-devant de la scène représentée, un rideau tiré qui fait référence à cette légende et constitue le trompe-l'œil par excellence.

Chapitre 3
Moyen Âge :
L'art du Haut Moyen Âge, l'art roman et l'art gothique

Réponse 52

La réponse est B. Le mot miniature, qui désigne d'abord les lettres ornementales, puis les petites **figures décorant les manuscrits médiévaux**, tire son origine du mot latin *miniare*, lui même dérivé de *minium*, pigment d'un rouge-orangé qui, lié de blanc d'œuf ou de colle animale, était utilisé dès l'origine dans la décoration des parchemins enluminés.

Question 52

Quelle est la source étymologique du terme miniature ?

A. le mot *mineur*, du latin *minor*, plus petit ?
B. le verbe latin *miniare*, peindre en rouge ?
C. le terme *minutieux*, du latin *minutia*, parcelle ?

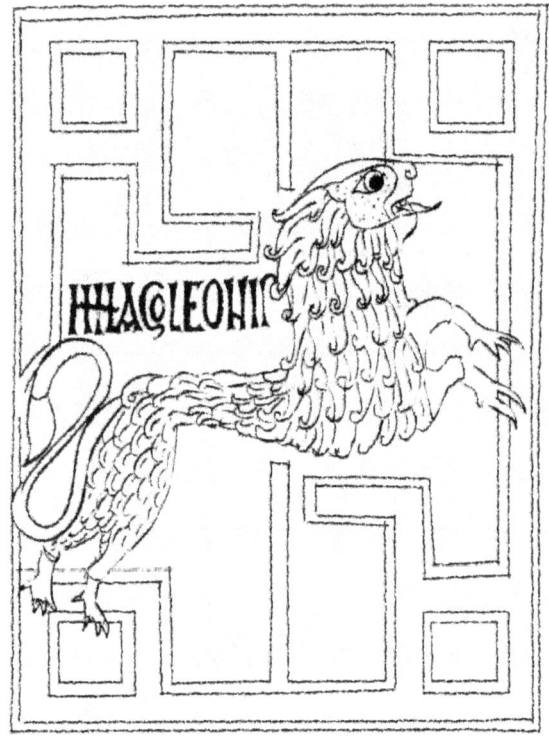

Le lion de Saint-Marc, évangéliaire d'Esternach, Irlande, v. 690

Histoire de l'art

Question 53

Quel peintre a marqué la transition entre le Moyen Âge et la Renaissance en Italie :

- A. Cimabue ?
- B. Masaccio ?
- C. Giotto ?

Question 54

Durant le 13e siècle, une innovation architectonique permet aux cathédrales gothiques de gagner considérablement en hauteur. Quelle est-elle :

- A. l'arc en plein-cintre ?
- B. le contrefort ?
- C. l'arc-boutant ?

Réponse 53

La réponse est C. C'est à Giotto que l'on attribue la rupture de l'art italien avec la tradition byzantine. Il est un des premiers à introduire la **perspective** dans ses fresques. Par son **travail du modelé**, ses recherches d'attitudes et son souci de la ressemblance, le peintre transforme le tableau à deux dimensions en un **espace réel peuplé d'êtres palpables**. Déjà célèbre de son vivant, Giotto di Bondone (1266 - 1337) influencera les peintres italiens qui, à l'instar de Masaccio, seront les artisans de la première Renaissance italienne.

Réponse 54

La réponse est C. Jusqu'à la fin du 12e siècle, l'architecture gothique reste dominée par une **contrainte technique indépassable** : les forces exercées par les pesantes voûtes de pierre sur les murs porteurs empêchent ces derniers de s'élever et rendent leur ouverture difficile. L'invention de l'arc-boutant va permettre de **déporter les structures portantes** à l'extérieur de l'édifice. Cet arc en quart de cercle, qui repose sur un pilier massif (la culée), s'appuie sur le point de retombée des voûtes, et, tout en contrebutant leurs pous-

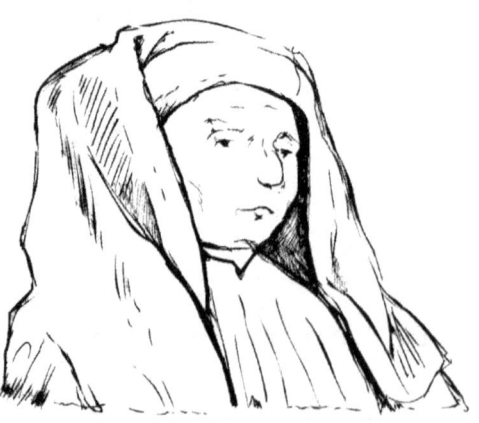

Giotto

Chapitre 3 : Moyen Âge

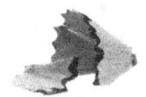

sées, les dirige vers le sol. S'il permet de lutter contre l'écartement des murs, l'arc-boutant libère également ceux-ci de leur rôle porteur. Dès lors, les cathédrales gothiques vont se **percer de hautes fenêtres** et s'emplir de lumière.

Réponse 55

La réponse est A. Voici, en résumé, ce que **Vasari** rapporte à ce sujet : lorsque le messager parvient dans l'atelier de **Giotto** (v. 1267-1337) et lui fait part du souhait de son Excellence, l'artiste toscan s'empare d'une feuille de papier et y trace un cercle à main levée d'une telle perfection que le Pape en vient à considérer Giotto comme **le plus grand des peintres de son temps**. L'anecdote est à l'origine de l'expression " plus rond que le O de Giotto ", qui désigne un homme simple, facile à cerner.

Question 55

Selon la légende, le pape Benoit IX, souhaitant commander une série de fresques à Giotto, lui aurait envoyé un émissaire chargé de ramener la preuve du talent du maître toscan. Quel est le dessin que l'artiste lui a remis à l'attention du Souverain Pontife :

A. un cercle tracé à main levée ?
B. un plan de Florence dessiné de mémoire ?
C. la copie d'un portrait du Pape ?

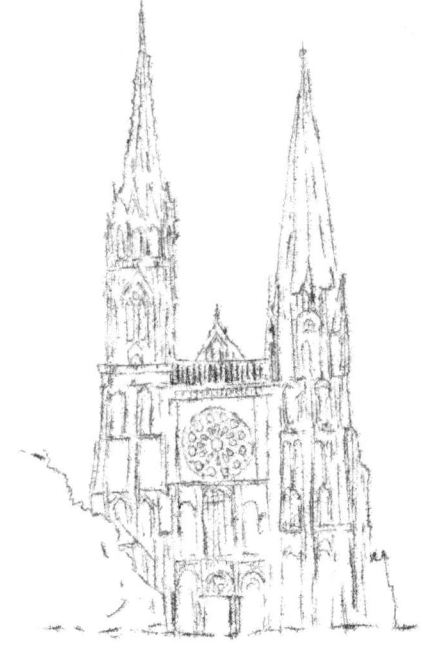

Chartres, la cathédrale gothique

Histoire de l'art

Question 56

Dès le 5ᵉ siècle, les quatre Évangélistes sont identifiés par un symbole : le lion pour Marc, le taureau pour Luc et l'aigle pour Jean. Quel est celui de Matthieu :

- A. l'homme ?
- B. le dragon ?
- C. le cheval ?

Question 57

La *tour de Pise*, dont l'édification débuta 1173 est célèbre pour son inclinaison.
À quelle époque commença-t-elle à pencher :

- A. dès sa construction ?
- B. au 16ᵉ siècle ?
- C. au 20ᵉ siècle ?

Réponse 56

La réponse est A. Ces quatre symboles, inspirés de l'apocalypse selon Saint Jean et du livre d'Ézéchiel, sont appelés le **tétramorphe**, ou parfois les **quatre vivants**. À Matthieu, qui entame son Évangile par la description de la généalogie du Christ, on attribue la figure d'un l'homme, ou parfois d'un ange. Le tétramorphe symbolise aussi l'**Incarnation** (homme), le **Sacrifice du Christ** (bœuf), la **Résurrection** (lion), et l'**Ascension** (aigle).

Réponse 57

La réponse est A. Œuvre de l'architecte **Bonnaro Pisano**, la tour de Pise, construite dans un style roman, aurait commencé à pencher dès l'édification de son troisième étage en 1174, probablement à la suite d'un glissement de terrain. Interrompus durant près d'un siècle, les travaux sont repris par **Giovanni Simone** qui tente en vain de compenser l'inclinaison de la tour. Depuis, elle n'a cessé de s'incliner davantage (1 mm par an en moyenne), pour atteindre aujourd'hui un **décalage de 4 mètres** par rapport à son axe vertical.

Chapitre 3 : Moyen Âge

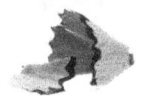

Réponse 58

La réponse est B. Jusqu'en 313, date où l'**empereur Constantin** reconnaît officiellement le Christianisme, les membres de cette communauté religieuse sont persécutés et bien souvent **martyrisés**. C'est pour cette raison qu'ils se réunissent et exercent leur **culte en secret**, parfois dans des demeures privées, mais aussi dans les catacombes, des tombes collectives souterraines. Les fresques retrouvées dans ces galeries constituent le seul témoignage de la production artistique des premiers chrétiens.

Question 58

De quelle autre façon dénomme-t-on l'art paléochrétien :

A. l'art byzantin ?
B. l'art des catacombes ?
C. l'art roman ?

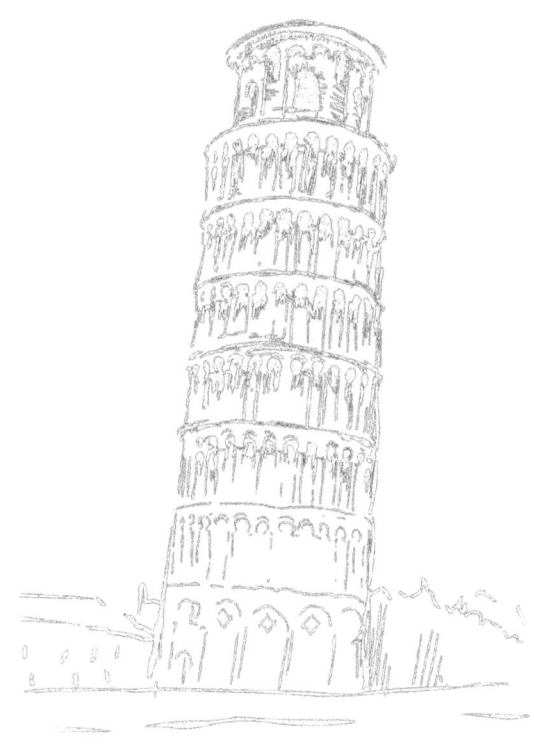

La Tour de Pise

Histoire de l'art

Question 59

Du plan de quel édifice romain s'inspirent les premières églises chrétiennes :

A. du temple ?
B. de la basilique ?
C. de la curie ?

Question 60

À quel héros de la mythologie gréco-romaine est assimilée la figure du Christ « bon pasteur » :

A. Jupiter ?
B. Hercule ?
C. Hermès ?

Réponse 59

La réponse est B. À la différence des temples gréco-romains et égyptiens, dans lesquels seuls les prêtres étaient autorisés à pénétrer, les lieux de culte chrétien sont destinés à **accueillir tous les fidèles** en leur sein. La nécessité de disposer de grands espaces va pousser les architectes à adopter le plan de la basilique romaine, **édifice public par excellence**, dans lequel le peuple se réunissait en diverses occasions. Parmi les premiers édifices de ce type figurent les basiliques de Saint-Jean-de-Latran et Sainte-Marie-Majeure, construites à Rome au 4e siècle.

Réponse 60

La réponse est C. Ce thème, issu d'une **parabole des évangiles**, est directement inspiré de la figure traditionnelle de l'Hermès berger portant un agneau sur les épaules. Les représentations d'**Orphée charmant les animaux**, également apparentées à cette thématique, sont elles aussi très fréquentes dans les fresques des catacombes.

Chapitre 3 : Moyen Âge

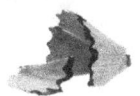

Réponse 61

La réponse est C. Forcés d'exercer leur culte en secret, les artistes paléochrétiens se servent de **cryptogrammes** pour évoquer leur religion. Le poisson, dont les lettres grecques forment l'acronyme de « Jésus-Christ, fils de Dieu, Sauveur », devient le **symbole de reconnaissance** de leur religion. D'autres motifs **empruntés au repertoire antique** sont également chargés d'un symbolisme chrétien : citons notamment la coquille, qui évoque le baptême, le paon, assimilé à la résurrection, ou l'ancre, symbole d'espérance.

Réponse 62

La réponse est B. Si les premières fresques chrétiennes font parfois référence à la Vierge sous forme d'**orante** ou de **mère nourricière**, il faut attendre le 5e siècle pour que se fixe une **véritable iconographie** de la mère du Christ. Le type de la **Vierge mère de Dieu, reine du ciel et de la terre**, ou **victorieuse**, portant l'enfant Jésus sur ses genoux, apparaît au cours du 5e siècle sur les mosaïques qui décorent les premières églises chrétiennes.

Question 61

Parmi les motifs suivants, lequel est le premier à symboliser le Christianisme :

A. l'agneau ?
B. la croix ?
C. le poisson ?

Question 62

À quelle époque apparaissent les premières représentations explicites de la Vierge :

A. au 2e siècle ?
B. au 5e siècle ?
C. au 7e siècle ?

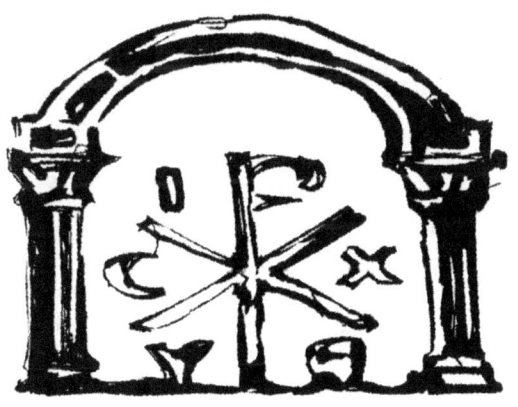

L'*Ichtus*, motif paléochrétien

Histoire de l'art

Question 63

Qu'est-ce que le damasquinage :

A. une technique de mosaïque ?
B. un procédé de taille de l'ivoire ?
C. une technique d'orfèvrerie ?

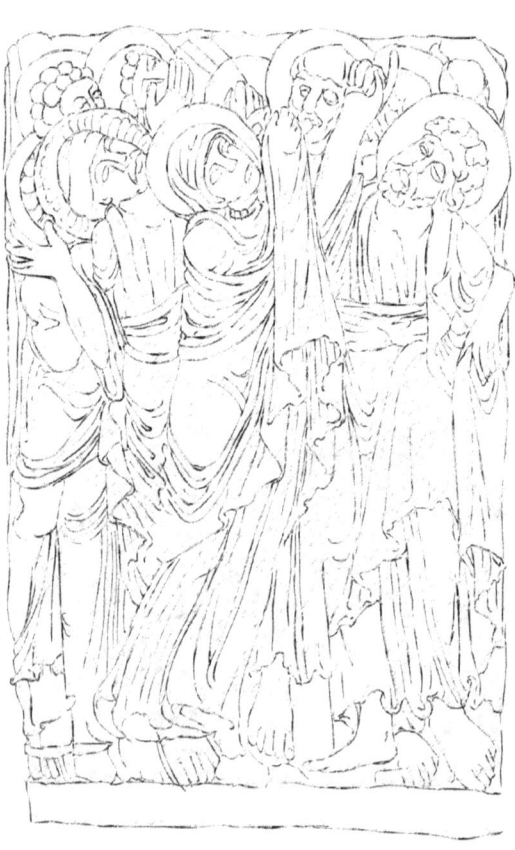

La Vierge et les apôtres, ivoire,
Darmstadt, début du 9ᵉ siècle

Réponse 63

La réponse est C. Le damasquinage est un procédé de martelage permettant l'incrustation de filets d'or ou d'argent dans le métal. **Originaire d'Asie Mineure** (le nom provient de la ville de Damas de Syrie), cette technique sera poussée à la perfection par les **peuples germaniques** qui conquièrent l'Empire romain d'Occident. Les objets qu'ils produisent – boucles, broches, médaillons, etc. – se caractérisent par des matériaux précieux, un travail d'une finesse exceptionnelle et un **répertoire de motifs géométriques entrelacés**.

Chapitre 3 : Moyen Âge

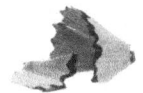

Réponse 64

La réponse est A. Durant les premiers siècles de notre ère, les empereurs romains prennent l'habitude de faire parvenir aux nouveaux magistrats des « **diptyques consulaires** », plaques d'ivoire richement décorées. À partir du 5e siècle, les artistes chrétiens s'approprient ces objets mais substituent au répertoire de motifs profanes **leur propre iconographie**. L'ivoire servira ensuite à la fabrication d'**objets liturgiques**, et notamment aux reliures de manuscrits.

Réponse 65

La réponse est B. Bâtie par **Constantin** et reconstruite par **Justinien** qui lui donne son ampleur actuelle, cette basilique dédiée à la **Sagesse divine**, fut l'édifice chrétien le plus prestigieux jusqu'à la construction de Saint-Pierre de Rome au début du 16e siècle. Sa construction monopolisa quelque 10 000 ouvriers et les **matériaux les plus précieux** qui, parfois empruntés aux temples antiques, furent acheminés depuis les quatre coins de l'Empire. Directement inspirée du **plan basilical romain**, Sainte-Sophie est surmontée par une coupole qui culmine à une hauteur de 55 mètres, représentation de la voûte céleste.

Question 64

Le travail de l'ivoire est caractéristique de la production artistique du Haut Moyen Âge. Quels objets sont les modèles de cette production :

A. les tablettes d'ivoirerie romaines ?
B. les statuettes grecques de métal et d'ivoire ?
C. les coffrets sculptés importés d'Orient ?

Question 65

Quel édifice, érigé sous Constantin, fut le plus grand sanctuaire du monde chrétien durant plus de 1000 ans :

A. Saint-Pierre (Rome) ?
B. Sainte-Sophie (Istambul) ?
C. Saint-Marc (Venise) ?

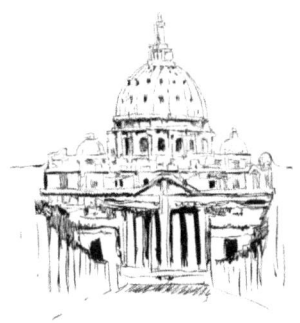

La basilique Saint-Pierre de Rome

Histoire de l'art

Question 66

Quelle ancienne métropole donna son nom à l'empire byzantin :

A. Rome ?
B. Constantinople ?
C. Antioche ?

Réponse 66

La réponse est B. Rebaptisée en l'honneur de l'empereur Constantin, **Byzance**, qui jouit d'une position stratégique dans le Bosphore, devient la **capitale de l'Empire romain d'Orient**. Après la mort de Théodose en 395 puis la chute de l'Empire romain d'Occident en 476, Byzance devient la nouvelle Rome. La production artistique de cet empire situé à la frontière avec l'Orient est **influencée par la culture grecque et l'Islam**.

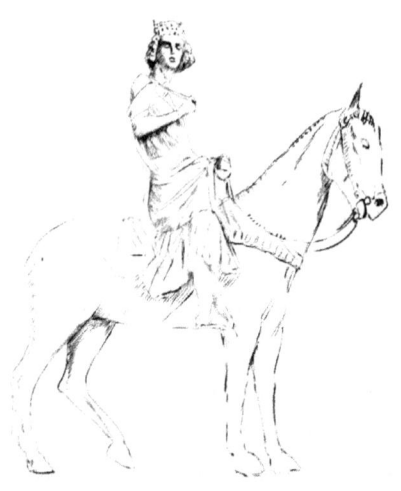

Le *Cavalier de Bamberg*

Cette œuvre énigmatique (on ignore qui est le personnage représenté) est probablement le premier exemple de statue équestre grandeur nature depuis l'Antiquité. Adossée à une paroi de la cathédrale de Bamberg, elle annonce l'autonomie de la sculpture gothique se libérant du modèle de la statue colonne de l'époque romane. Peinte à l'origine de couleurs vives, ce groupe est aussi un témoin remarquable du renouvellement de la sculpture gothique vers plus de réalisme.

Chapitre 3 : Moyen Âge

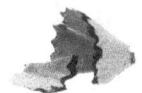

Réponse 67

La réponse est C. Durant les 9e et 10e siècles, **période de renaissance de l'art byzantin**, sont édifiées les premières constructions d'un style typiquement byzantin. Dans les églises, la nef est séparée du cœur dans lequel le prêtre officie seul par une cloison décorée d'icônes représentant le Christ, la Vierge ou les saints. Cette paroi porte le nom d'**iconostase**. L'apparition de ces structures, ainsi que le développement de la dévotion individuelle, vont favoriser l'**essor de la production d'icônes**.

Réponse 68

La réponse est C. Dès l'apparition du premier art byzantin les images religieuses se multiplient au travers des mosaïques, des **icônes** et des **reliques**, pour diffuser la doctrine chrétienne. Ces représentations font bientôt l'objet d'une grande dévotion qui frôle parfois l'**idolâtrie**. Bientôt considérée comme hérétique et païenne, cette attitude d'adoration sera fermement condamnée par les représentants du pouvoir. Dès 730, l'empereur byzantin ordonne la **destruction des images saintes**, et toute figuration religieuse est interdite.

Question 67

Qu'est ce qu'une iconostase :

A. un panneau de bois sur lequel est peinte une icône ?

B. un type iconographique représentant le Christ en majesté ?

C. une cloison recouverte d'icônes ?

Question 68

Quelle profonde crise religieuse entraîna la destruction de milliers d'œuvres d'art dans le courant du 8e siècle de notre ère :

A. la Réforme ?

B. le Concile de Trente ?

C. l'iconoclasme ?

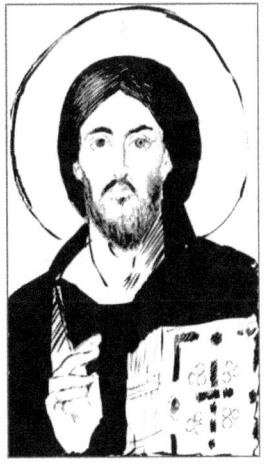

Christ triomphant, icône du Sinaï, 6e siècle

Histoire de l'art

Question 69

L'iconographie byzantine s'organise autour de la figure du Christ tout puissant.

Comment se nomme ce modèle :

- A. le Christ Emmanuel ?
- B. le Christ Pantocrator ?
- C. le Christ aux outrages ?

Question 70

Au 9e siècle, l'Antiquité constitue le modèle absolu dans le domaine des arts comme ailleurs.

Quel souverain fut l'instigateur de ce retour aux sources antiques :

- A. Clovis ?
- B. Charlemagne ?
- C. Mérovée ?

Durant cette période de crise, qui va durer près d'un siècle, l'art se limite à un **répertoire de motifs symboliques ou ornementaux**.

Réponse 69

La réponse est B. Alors que les artistes paléochrétiens, encore **fortement soumis au modèle antique**, représentent Jésus imberbe, le Christ Pantocrator apparaît barbu, les cheveux longs, la main gauche en signe de bénédiction, la droite tenant un livre. Souvent représenté en buste, il peut être inscrit dans une **mandorle**, symbole de gloire et d'éternité.

Réponse 70

La réponse est B. **Féru d'Antiquité**, Charlemagne va s'efforcer de restaurer la splendeur de l'empire romain, et mène une importante **réforme politique, artistique et culturelle**. C'est dans l'**art de l'enluminure**, qui jouit d'un essor sans précédent, que renaît d'abord le **goût du réalisme romain**, délaissé par les artistes byzantins qui privilégient la tendance à l'abstraction, puis par les envahisseurs barbares dont le répertoire iconographique se limitait aux motifs abstraits.

Chapitre 3 : Moyen Âge

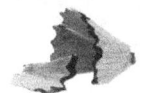

Réponse 71

La réponse est A. Le motif du nimbe ou de l'auréole, utilisé dès l'Antiquité pour **symboliser la gloire**, est récupéré par les chrétiens dès les premiers siècles de notre ère. À partir du 5e siècle, le nimbe carré fait son apparition et indique la sainteté d'un personnage vivant, dans des représentations à caractère historique. Cette forme fait aussi référence aux **vertus cardinales**, piliers de la foi chrétienne.

Question 71

Dans l'iconographie chrétienne traditionnelle, une auréole lumineuse, appelé nimbe, coiffe la tête du Christ et des saints.

Quelle est la signification du nimbe carré ?

A. la personne représentée est encore vivante ?

B. la personne représentée est l'un des quatre évangélistes ?

C. le personnage représenté est un martyr ?

Réponse 72

La réponse est B. Le **stuc** est un enduit obtenu par mélange de poussière de marbre et de colle. Après séchage, il acquiert une **très grande solidité** qui lui permet d'être travaillé. On l'utilise parfois pour imiter le marbre, ou pour créer des ornements sculptés et peints qui rehaussent l'architecture. Apparu durant l'Antiquité, le stuc est redécouvert par les **Carolingiens**. Le terme désigne de façon générale les **sculptures ornementales** réalisées dans ce matériau.

Question 72

La sculpture carolingienne est réputée pour ses stucs.

Quelle est la composition de ce matériau :

A. du plâtre et de la colle ?

B. de la poussière de marbre et de colle ?

C. de la poudre d'ivoire et de colle ?

Histoire de l'art

Question 73

Quel conflit célèbre est relaté dans la *Tapisserie de Bayeux* :

A. la guerre de Cent Ans ?
B. la bataille de Hastings ?
C. la croisade « des enfants » ?

Réponse 73

La réponse est B. Cette tapisserie, qui mesure près de **70 m de longueur** pour 50 cm de hauteur illustre, au travers de **58 scènes** et de quelque **600 personnages** la querelle de succession qui opposa Guillaume, Duc de Normandie et son frère Harold, Comte d'Angleterre. En 1066, Guillaume triomphe à Hastings et s'empare du trône d'Angleterre. La légende attribue la confection de la tapisserie à la **reine Mathilde**, épouse de Guillaume, mais elle fut en fait réalisée par des **brodeurs saxons**, à la demande d'Odon, Évêque de Bayeux.

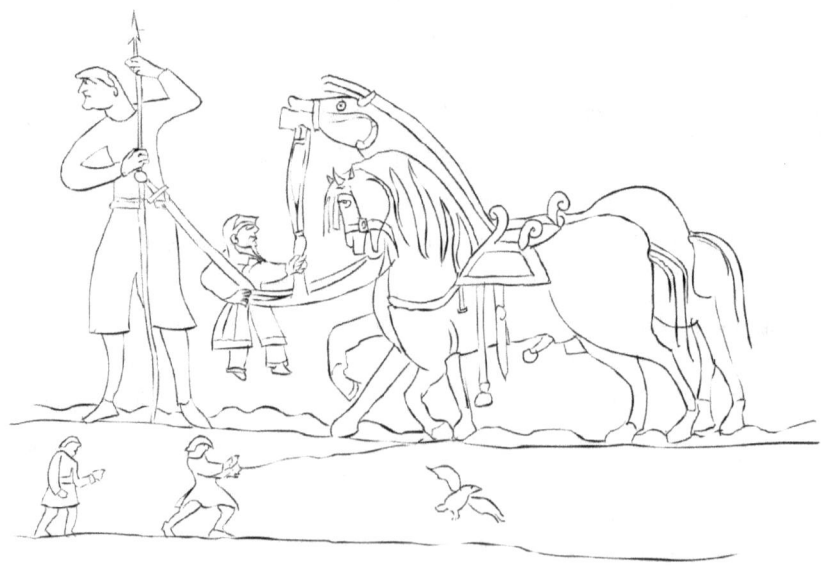

La Tapisserie de Bayeux - détail

Chapitre 3 : Moyen Âge

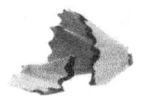

Réponse 74

La réponse est B. **Apparues au cours de l'époque mérovingienne**, les cryptes (*crypta*, caché) abritent à l'origine le sarcophage d'un martyr. Le développement du **culte des saints** et de la pratique du pèlerinage entraîne la multiplication des « reliques », fragments de la dépouille d'un saint ou objet lui ayant appartenu, souvent conservées dans de riches ouvrages d'orfèvrerie (reliquaires). La crypte, **construite sous le cœur de l'église**, reste en usage tout au long du Moyen Âge et sera peu à peu abandonnée durant l'époque gothique.

Réponse 75

La réponse est B. Lors de son entrée à Jérusalem le jour des Rameaux, le Christ porte une palme que l'on interpréta comme un **signe de résurrection**. Les artistes paléochrétiens vont rapidement associer ce motif aux martyrs, en tant que **symbole de l'immortalité des justes**. Traditionnellement, les martyrs sont donc identifiés par une palme et sont accompagnés des instruments de leur supplice.

Question 74

Dans les églises chrétiennes, quelle est la fonction de la crypte :

A. elle renferme le tombeau des rois ?

B. elle abrite une relique ?

C. elle abrite la pierre de fondation d'une église ?

Question 75

À quel attribut iconographique peut-on reconnaître un martyr :

A. l'auréole ?

B. la palme ?

C. l'épée ?

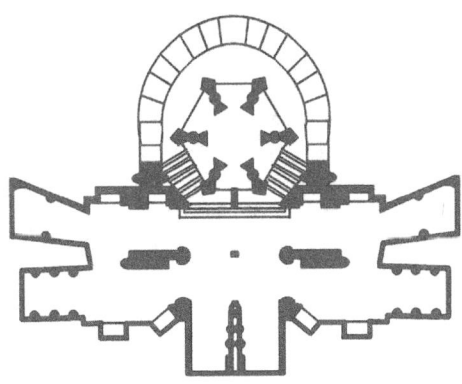

Plan de la crypte de l'église Saint-Séverin de Toulouse

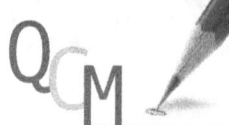

Histoire de l'art

Question 76

Qu'est-ce qu'un retable :

A. une œuvre ornant l'autel d'une église ?
B. un tableau composé de plusieurs volets ?
C. un tableau de grandes dimensions (plus de cinq mètres de large) ?

Question 77

Quel site abritant « la Merveille » a été appelé successivement Mont-Tombe et Mont-Libre :

A. le Mont Saint-Michel ?
B. le Mont Athos ?
C. le Mont Cassin ?

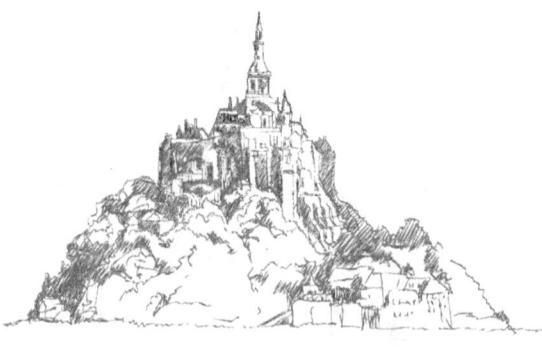

Le Mont Saint-Michel

Réponse 76

La réponse est A. Le retable, ou tableau d'autel (de *retro tabula*, derrière la table) apparaît au 13e siècle, lorsqu'un **changement liturgique** amène le prêtre à tourner le dos aux fidèles. On commence alors à décorer le côté postérieur de l'autel pour présenter des **scènes de dévotion** aux fidèles et à l'officiant. Le retable, d'abord simplement posé sur l'autel, s'intègre rapidement dans une construction complexe, qui comprend des sculptures ou des œuvres d'orfèvrerie, un piédestal (prédelle). Le tableau en lui-même se compose d'un ou de plusieurs volets (polyptique). La production de retables connaît son âge d'or durant la **période baroque**.

Réponse 77

La réponse est A. Un **monastère bénédictin** est construit en 966 à l'emplacement d'un ancien **oratoire**, sur un îlot rocheux appelé à l'époque Mont-Tombe. Durant cinq siècles, l'édifice ne cesse de s'adjoindre de nouvelles dépendances, dont **la Merveille** constitue l'ensemble le plus remarquable. Au 15e siècle, Louis XI y établit le **siège de l'ordre des Chevaliers de Saint-Michel**, et l'abbaye, transformée en **prison** durant la Révolution française, prend le nom de Mont-Libre.

Chapitre 3 : Moyen Âge

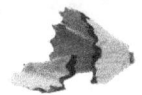

Réponse 78

La réponse est C. Les bases de l'art gothique sont jetées dans la seconde moitié du 12e siècle avec l'apparition des **arcs brisés**. Sa grammaire se développe durant la période « classique » du 13e siècle, où le style atteint son épanouissement. Au 14e siècle, l'**extension des surfaces vitrées caractérise** le gothique « rayonnant ». Enfin, le style « flamboyant », qui couvre la fin du 14e et le 15e siècle, est marqué par une **floraison décorative** qui concerne surtout la décoration des édifices gothiques préexistants.

Réponse 79

La réponse est A. La gargouille est un dégorgeoir en saillie destiné à éloigner l'écoulement de l'eau de pluie des remparts. Apparues durant l'Antiquité, les **gargouilles** se multiplient au 12e siècle, et les sculpteurs gothiques leur donnent l'apparence de démons ou autres **êtres monstrueux**. Selon une légende française, la gargouille était un Dragon ailé qui terrorisait les habitants de Rouen. Le monstre fut abattu et brûlé et sa tête fut suspendue aux murailles de la ville.

Question 78

L'art gothique est subdivisé en quatre phases : classique, primitif, flamboyant et rayonnant.
Quel est le plus tardif de ces styles :

A. classique ?
B. rayonnant ?
C. flamboyant ?

Question 79

Qu'est-ce qu'une gargouille :

A. une gouttière ?
B. un chapiteau ?
C. un égout ?

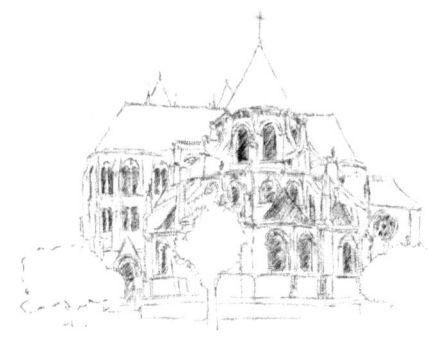

La cathédrale Notre-Dame de Noyon,
12e siècle, style gothique primitif

Histoire de l'art

Question 80

Quel édifice a été surnommé la « chapelle sixtine de l'Orient » :

A. la basilique Sainte-Sophie ?
B. l'église Saint-Jacques de Compostelle ?
C. le monastère de Voronet ?

Réponse 80

La réponse est C. Ce monastère de la région de Bucovine, en Roumanie, a été fondé en 1488 et décoré de **fresques influencées par l'art gothique et byzantin**. La scène du Jugement Dernier, d'un **bleu unique** (le bleu de Voronet), est d'une exceptionnelle qualité et a valu au monument le surnom de la **Sixtine d'Orient**. La Bucovine comprend de nombreux monastères orthodoxes fortifiés, construits au tournant des 15e et 16e siècles sous le règne d'*Étienne le Grand*, afin de protéger la région des invasions turques.

L'art cistercien

L'art cistercien est né de la réforme monastique menée par Saint Bernard durant la première moitié du 12e siècle. Outré par les excès de ses confrères bénédictins, Bernard de Clairvaux effectue une relecture de la Règle de saint Benoît dans le sens d'un retour aux sources : retour à l'idéal d'ascèse, de pauvreté, de chasteté et d'érémitisme. Arrivé à Cîteaux, il développe une doctrine du dépouillement qui touche tous les domaines de la vie quotidienne. Sculptures, peintures et décorations sont proscrites ou se voient réduites à leur plus simple expression : crucifix de bois, pierres nues, vitraux incolores, motifs quasi abstraits. Cette esthétique austère va prévaloir jusqu'au 13e siècle, date à laquelle l'ordre cistercien tombe dans les dérives qui avaient pourtant présidé à son avènement. Parmi les plus belles abbayes cisterciennes du 12e siècle, citons celles de Fontenay, de Noirlac ou du Toronet.

Chapitre 4
Renaissance et Temps Modernes : L'art classique et l'art baroque

Réponse 81

La réponse est B. Moine dominicain et prédicateur, Savonarole (1452-1498) s'insurge contre l'humanisme triomphant de la Renaissance, dénonce la corruption de l'Église et de la Cour, les **mœurs dépravées** de ses concitoyens et l'**engouement pour l'art païen**. Le prieur instaure à Florence une république théocratique et impose une réforme qui passe par un retour à l'**austérité du Moyen Âge**. En 1497, suivi par des milliers de florentins, il fait ériger un **bûcher des vanités** où seront brûlés bijoux, livres et œuvres d'art. Considéré comme un précurseur de la Réforme, Savonarole inspira une terreur qui marqua l'œuvre et la vie de nombreux artistes italiens, tels Boticcelli ou Michel-Ange.

Réponse 82

La réponse est A. Cette œuvre gigantesque, peinte en 1642 et intitulée originellement *La compagnie du capitaine Frans Banningh Cocq*, fut rebaptisée *Ronde de nuit* en raison de l'obscurité des teintes et de la violence du clair-obscur, par lequel **Rembrandt** parvient d'ailleurs à renouveler le genre du portrait de groupe, très en vogue dans la Hollande du

Question 81

Quel homme politique fut à l'origine de la profonde crise politique, religieuse et artistique qui ébranla Florence à son apogée, dans la dernière décénie du 15e siècle ?

A. Marcile Ficin ?
B. Jérôme Savonarole ?
C. Pic de la Mirandole ?

Question 82

Quelle fut la découverte occasionnée par la restauration de la *Ronde de nuit* de Rembrandt, dans les années 1940 :

A. on s'aperçut que l'œuvre n'était pas une scène nocturne ?
B. l'analyse radiographique révéla un portrait sous-jacent de Van Dijk ?
C. on découvrit qu'il s'agissait d'un faux ?

Histoire de l'art

Question 83

Combien d'œuvres sont-elles attribuées à l'atelier de Rubens : ?

A. 25 ?
B. 250 ?
C. 2500 ?

17ᵉ siècle. Cependant, l'aspect ténébreux du tableau provient du noircissement du vernis. Ce n'est que dans les années 1940 que la restauration de l'œuvre révélera la **luminosité originale des coloris**.

Réponse 83

La réponse est C. Après son retour d'Italie en 1608, le peintre flamand, déjà très célèbre, monte un atelier dont la **production intense** ne va pas discontinuer durant plus de dix ans. Ses élèves ou collaborateurs participent à l'élaboration des œuvres. Tantôt, le maître pose la première esquisse, tantôt les touches finales, mais il se charge parfois de réaliser la totalité d'une commande. Le prix de l'œuvre est par ailleurs fonction de son degré de participation.

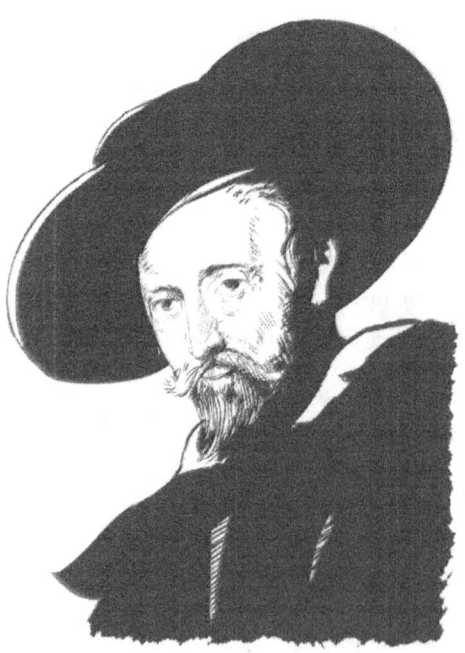

Rubens

Chapitre 4 : Renaissance et Temps Modernes

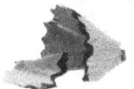

Réponse 84

La réponse est A. Ce tableau, peint vers 1476 à Florence pour les Médicis, est probablement l'un des tableaux les plus célèbres au monde. C'est la **première œuvre de grande dimension à sujet profane**, et un parfait exemple du retour au **nu antique** caractéristique de la Renaissance. Le type de cette Vénus pudique fut inspirée à Botticelli par la **Vénus des Médicis**, une copie de l'**Aphrodite de Praxitèle**. Le thème de la Naissance de Vénus, tiré des écrits de Politien, sera repris durant l'époque néo-classique, notamment par Cabanel et Bouguereau.

Question 84

Quel artiste est l'auteur de *La Naissance de Vénus* conservée au Musée des Offices de Florence :

A. Sandro Botticelli ?
B. Raphaël ?
C. Nicolas Poussin ?

Question 85

Parmi les artistes suivants, lequel fut le maître de Léonard de Vinci :

A. Andrea del Verrocchio ?
B. Andrea Mantegna ?
C. Raphaël ?

Réponse 85

La réponse est A. Verrocchio (1435-1488) fut tout à la fois orfèvre, peintre et sculpteur. **Protégé des Médicis**, il est l'un des principaux artistes florentins de la seconde moitié du 15e siècle. Son atelier florissant compta de nombreux élèves, dont certains sont devenus des peintres illustres : **Léonard de Vinci**, **Le Pérugin** ou **Lorenzo di Credi**. De Vinci, qui restera le *garzone* (apprenti) de Verrocchio durant près de dix ans, collabora au fameux **Baptême du Christ** conservé à Florence.

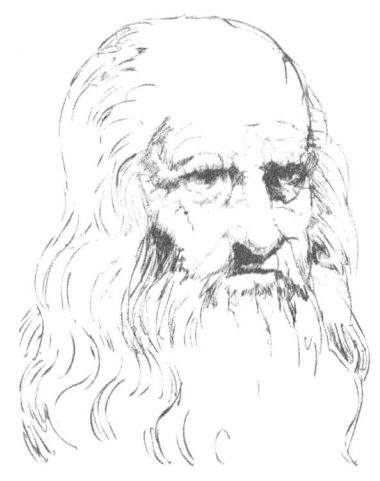

Léonard de Vinci

Histoire de l'art

Question 86

La période du *Quattrocento* couvre :

A. le treizième siècle ?
B. le quatorzième siècle ?
C. le quinzième siècle ?

Réponse 86

La réponse est C. En italien, le terme Quattrocento désigne le 15ᵉ siècle, soit les années 1400 (« quatro-cento » signifie « quatre-cent »). En histoire de l'art, ce terme est synonyme de la **première Renaissance italienne**. Les artistes de cette époque sont parfois appelés quattrocentistes. Les termes *Trecento* et *Cinqocento* sont aussi utilisés pour désigner les 14ᵉ et 16ᵉ siècles.

Question 87

Quel personnage biblique fut représenté en ronde-bosse à la fois par Donatello, Verrocchio et Michel-Ange :

A. Moïse ?
B. Sainte-Thérèse ?
C. David ?

Réponse 87

La réponse est C. La légende de David vainqueur du géant Goliath, qui **symbolise la victoire de l'esprit sur la force brutale**, est un thème de prédilection des humanistes de la Renaissance. Il est d'abord traité vers 1430 par **Donatello** qui, en réalisant le **premier nu grandeur nature** depuis l'Antiquité, rompt avec l'esthétique gothique qui prédomine jusqu'alors. Vers 1475, **Verrocchio** réalise un David en bronze dont le type témoigne de la même recherche de **naturalisme** et d'élégance. C'est avec **Michel-Ange** que s'affirme la **redécouverte du corps athlétique** de l'Antiquité, dans une œuvre aux dimensions colossales.

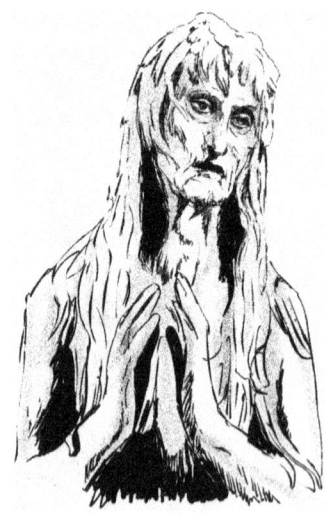

Sainte-Marie Madeleine par Donatello

Chapitre 4 : Renaissance et Temps Modernes

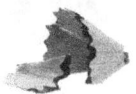

Réponse 88

La réponse est C. Ce surnom est décerné à Watteau lors de la réception de l'*Embarquement pour Cythère* par l'Académie en 1717. Le peintre, fortement influencé par **Rubens**, renouvelle la peinture de genre qu'il transpose dans un univers aristocratique, celui des **fêtes galantes, de l'opéra et de la comédie italienne** dont pierrots et arlequins sont les principaux acteurs. Ces thèmes, traités avec fluidité dans une atmosphère lyrique et diaphane, sont souvent teintés d'une **mélancolie** caractéristique de l'œuvre et de la personnalité du peintre.

Réponse 89

La réponse est B. Dans la **Hollande protestante** du 17e siècle, la représentation directe du sacré est interdite. Les tableaux représentent des scènes de vie quotidienne, des marines, des portraits ou des natures mortes. Bientôt, ces dernières vont se charger de **motifs symboliques ou allégoriques** qui véhiculent un sens moral. Ce sont les « vanités », natures mortes qui combinent des motifs iconographiques associés à la vie, la richesse et les plaisirs avec des objets (*momento*

Question 88

Quel artiste peintre du 18e siècle fut dénommé le « peintre des fêtes galantes » :

A. François Boucher ?
B. Jean-Honoré Fragonard ?
C. Jean-Antoine Watteau ?

Question 89

À quel genre pictural se rapporte la « vanité » :

A. la peinture d'histoire ?
B. la nature morte ?
C. le portrait ?

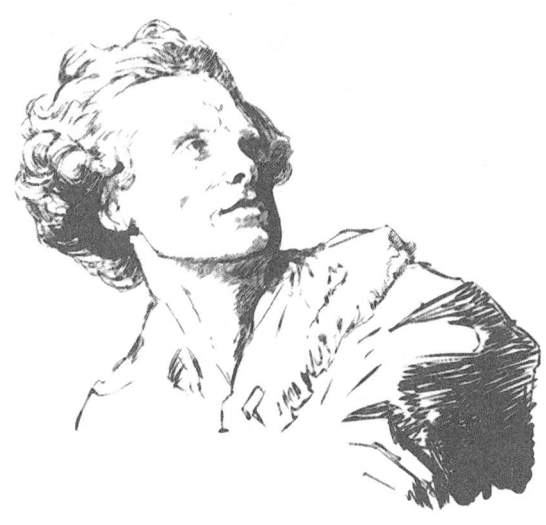

Jean-Honoré Fragonard

Histoire de l'art

Question 90

À quel artiste attribue-t-on l'invention du clair-obscur :

A. Rembrandt ?
B. Le Caravage ?
C. Nicolas Poussin ?

Question 91

Qu'est-ce que le « Grand goût » :

A. l'art officiel du 17e siècle ?
B. la peinture de genre ?
C. l'art baroque ?

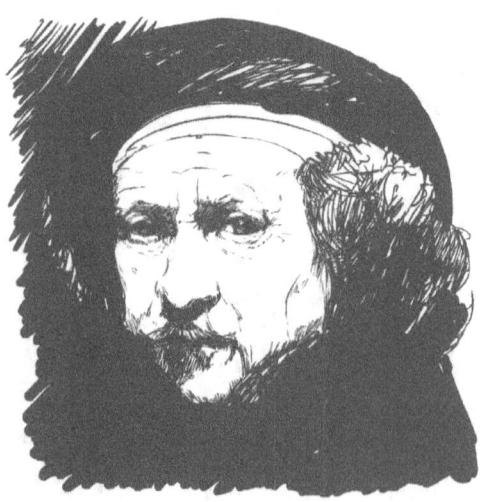

Rembrandt

Réponse 90

La réponse est B. La technique du clair-obscur, qui consiste à créer l'**illusion du volume** par un **contraste violent** de zones sombres et claires, est mise au point par le Caravage, peintre d'origine lombarde actif entre 1595 et 1610. Cette nouveauté dans le rendu des lumières n'est pas uniquement une prouesse technique, elle participe à la **quête de réalisme** menée par le Caravage durant une période dominée par l'idéalisme maniériste. Le clair-obscur, dit aussi **ténébrisme**, aura une profonde influence sur les futures générations de peintres, depuis Ribera jusqu'à Rembrandt, en passant par De la Tour.

Réponse 91

La réponse est A. Le « Grand goût » se réfère au classicisme français dont les règles, développées sous le règne de Louis XIV par des théoriciens et des hommes politiques, participent à la **glorification du royaume**. Inspiré par l'**Antiquité** et les

mori) qui évoquent **la mort** ou **l'inéluctable fuite du temps** : crânes, sabliers, fleurs fanées ou fruits pourrissants.

Chapitre 4 : **Renaissance et Temps Modernes**

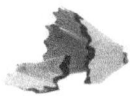

grands personnages de la **Renaissance**, le « Grand goût », qui se distingue par un **rationalisme sévère**, un respect de l'ordre et des proportions, trouve ses plus grands représentants dans les personnes de Nicolas Poussin, Le Lorrain et Le Brun. C'est au 18e siècle, avec le **Rococo** que se renouvelle ce classicisme figé.

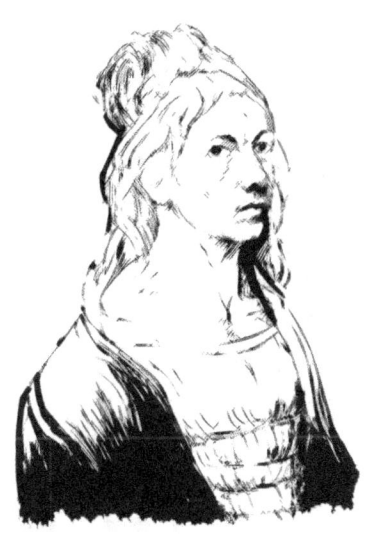

Dürer

Albrecht Dürer : la Renaissance en Allemagne

Dürer (1471 – 1528) est un artiste complexe, à mi-chemin entre la tradition gothique et la Renaissance, dont il diffusera l'esprit en Allemagne. Fils d'un orfèvre de Nuremberg, dont il héritera de la minutie, il suit une formation de peintre, puis de graveur. Durant son voyage en Italie, il découvre les œuvres des artistes de la première Renaissance, copie Mantegna et Bellini, s'essaye au paysage, mais, surtout, se passionne pour la perspective et la géométrie. Dürer devient rapidement un érudit, étudie les arts dans les cercles humanistes et multiplie les écrits. Il continue de peindre, et affirme un style personnel et raffiné qui marie les influences des cultures nordique et italienne. C'est aussi l'un des premiers artistes à réaliser des autoportraits. Mais c'est surtout de la gravure qu'il tirera sa renommée. Il mène cette technique à la perfection, à une époque où elle est encore en pleine expérimentation. Il travaille autant le cuivre que le bois (xylographie), et développe un langage pictural, caractérisé par l'acuité du détail, le rendu de la profondeur, le sens de la lumière et de la matière. Ses gravures présentent une étonnante variété de sujets empruntés au répertoire profane (le Rhinocéros) ou sacré (l'Apocalypse).

Histoire de l'art

Question 92

À quelle production artistique se rapporte le terme « Rocaille » :

- A. au style Louis XV ?
- B. aux peintures décoratives en grisaille du 17e siècle ?
- C. aux décorations des parcs et jardins français du 18e siècle ?

Question 93

Qu'est-ce que le *sfumato* :

- A. une technique de modelé vaporeux ?
- B. un pigment appelé aussi « noir de fumée » ?
- C. une ébauche d'argile ?

Question 94

Dans ses toiles, Rembrandt utilise localement d'épaisses couches de peinture qui lui permettent d'obtenir de riches effets de textures. Comment appelle-t-on ce type d'empâtement :

- A. glacis ?
- B. impasto ?
- C. imprimitura ?

Réponse 92

La réponse est A. Ce terme, apparu dans le courant du 19e siècle, désigne, en référence aux décors des grottes et nymphées de la Renaissance, un aspect du style Louis XV, caractérisé par l'emploi de **motifs dissymétriques** représentant des rochers, des coquillages, des volutes ou des oiseaux. S'il concerne surtout le **mobilier**, le style **Rocaille** est parfois confondu avec le **Rococo**, dont il constitue la source étymologique, et qui se rapporte aux développements tardifs du style baroque en Europe.

Réponse 93

La réponse est A. Le sfumato est un effet de fondu obtenu par la **superposition de glacis légers**, qui noient les contours des figures dans le paysage. Inventé par **Léonard de Vinci**, ce procédé, utilisé notamment dans la **Joconde**, annonce une « nouvelle manière » picturale, qui **rompt avec la tradition linéaire** caractéristique de la peinture italienne et rend invisible la touche du pinceau.

Réponse 94

La réponse est B. Rembrandt (1606-1669) fut le maître inégalé des **effets de textures** et sa virtuosité technique lui vaudra le sur-

Chapitre 4 : Renaissance et Temps Modernes

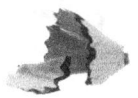

nom de « **Shakespeare de la peinture** ». Il utilisa notamment un type d'empâtement particulier, l'impasto. L'accrochage particulier de la lumière sur cette matière picturale pauvre s'adapte remarquablement bien au **rendu des étoffes précieuses et des bijoux.**

Réponse 95

La réponse est B. **Claude Gellée** (1600-1682) dit « le Lorrain » — ou Claude Lorrain — est né en France, mais a passé l'essentiel de sa vie en Italie. Installé à Rome, il découvre le goût italien pour les **paysages idéalisés**, mais retient aussi des peintres nordiques le souci du détail et de l'**observation minutieuse de la nature**. À partir de ces deux influences, le Lorrain élabore une synthèse personnelle dont résultent des **paysages poétiques et raffinés**, baignés dans une lumière dorée, à propos desquels Gœthe dira qu'ils « ont la plus grande vérité, sans ombre de réalité ».

Réponse 96

La réponse est A. Ce genre, très en vogue durant le 18e siècle italien, met en scène des points de vue topographiques, villes ou paysages, peints avec une rigoureuse précision, parfois à l'aide d'**instruments optiques**, et qui supposent

Question 95

Sous quel nom est mieux connu le peintre Claude Gellée (1600-1682) :

A. le Parmesan ?
B. le Lorrain ?
C. le Corrège ?

Question 96

Le « védutisme » est un genre pictural qui a pour sujet :

A. les vues panoramiques ?
B. les monuments archéologiques ?
C. les animaux ?

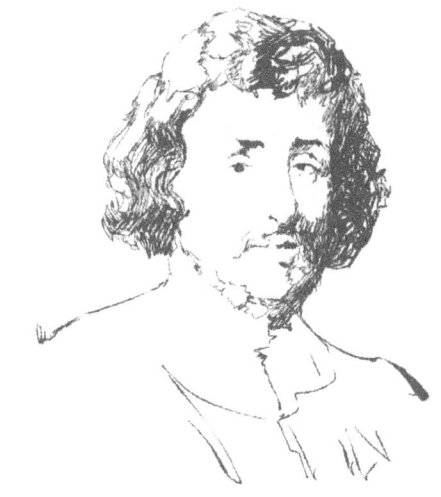

Claude Gellée

QCM — Histoire de l'art

Question 97

Au 16e siècle apparaît en Europe un type de collection qui rassemble petits objets d'art et raretés. Quel nom porte le lieu dans lequel ces objets sont exposés : ?

- A. cabinet de curiosités ?
- B. musée ?
- C. pinacothèque ?

Question 98

Qui fut l'élève et le principal concurrent de Rubens :

- A. Anton Van Dyck ?
- B. Frans Hals ?
- C. Nicolas Poussin ?

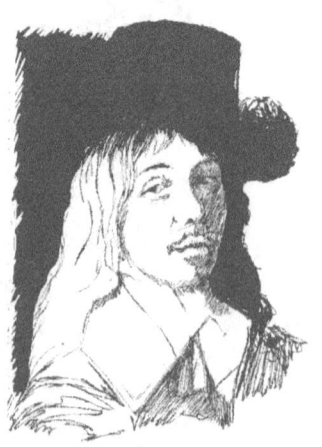

Frans Hals

le plus souvent une maîtrise virtuose de la **perspective**. Le plus fameux peintre védutiste est Antonio Canal – dit **Canaletto** (1697-1768). Le genre est également associé aux noms de **Piranèse, Bellotto Pannini** ou **Francesco Guardi**.

Réponse 97

La réponse est A. Aux 16e et 17e siècles, les **grandes explorations** et les premières **fouilles archéologiques** amènent amateurs, princes et savants à entreprendre des collections de « curiosités » en tout genre : objets naturels (tirés des règnes animal, végétal et minéral) ou manufacturés (médailles, statuettes, pierres gravées, etc.). Bien que ces collections préfigurent les musées, elles n'ont **aucune vocation scientifique ou archéologique**, mais constituent une sorte de **microcosme** de bizarreries qui attisent la curiosité.

Réponse 98

La réponse est A. Entré dans l'atelier de **Rubens** à l'âge de quatorze ans, Van Dyck (1559-1641) fait preuve d'un **exceptionnel talent** qui l'amène à une rapide collaboration avec le maître anversois. À l'âge de 23 ans, déjà célèbre, il **séjourne en Italie** où il portraitise les membres de l'aristocratie.

Chapitre 4 : Renaissance et Temps Modernes

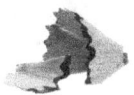

Appelé à la **Cour de Charles 1er** en 1632, il sera nommé **Chevalier et peintre du Roi**, et restera en Angleterre jusqu'à sa mort. Van Dyck, qui laisse derrière lui une production de plus de 400 œuvres fut l'un des plus grands maîtres du genre du portrait, et le précurseur de l'école anglaise du 18e siècle.

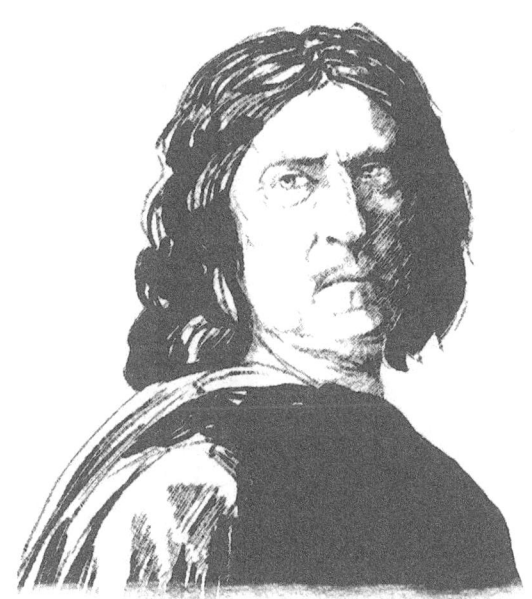

Poussin

Nicolas Poussin : rigueur et clarté

Peintre français, Poussin (1594-1665) demeurera en quasi permanence en Italie, pays qu'il affectionne si bien que ses rares retours à Paris lui seront toujours pénibles. Si on ne lui connaît pas de maître véritable, on sait l'admiration qu'il voue à Titien et Raphaël, dont il retient un goût certain pour l'idéal classique et les compositions lyriques. En quête d'universel, d'ordre et d'harmonie, Poussin fait régner rigueur et simplicité sur ses œuvres qui marient le paysage aux grands sujets d'histoire. Son souci de la composition est tel qu'il en vient parfois à fabriquer des maquettes dans lesquelles il met en scène des personnages de cire, et dont il étudie éclairage et perspective. Poussin est considéré comme le maître de l'art classique français.

Histoire de l'art

Question 99

Quel peintre fut dénommé « grand peintre du petit genre » :

A. Jean Van Eyck ?
B. Siméon Chardin ?
C. Thomas Gainsborough ?

Question 100

Quelle est la particularité de l'œuvre de Guiseppe Achimboldo (vers 1527 – 1593) :

A. les têtes composées d'un assemblage de végétaux ?
B. les portraits de nains ?
C. les représentations de fleurs ?

Réponse 99

La réponse est B. S'il a été l'élève d'un peintre d'histoire, Chardin (1699-1779) s'oriente pourtant vers un **genre dit « mineur »**, la nature morte (il est admis à l'Académie de Saint-Luc comme « peintre d'animaux, de batteries de cuisine et de différents légumiers »). Bien qu'on lui reproche parfois la **banalité de ses sujets** et la rareté de sa production, ses compositions dépouillées et sa maîtrise technique lui valent un succès très important : **Diderot le porte aux nues**, des graveurs recopient ses œuvres, il devient trésorier de l'Académie et est logé au Louvre même.

Réponse 100

La réponse est A. **Archimboldo** fut peintre et décorateur à la cour des empereurs d'Allemagne à Prague. Réputé de son vivant pour ses figures de fantaisie, allégories des saisons ou véritables portraits, il fut à l'origine d'un **style « arcimboldesque »** qui, avec ses portraits composites, se perpétua en Europe jusqu'à nos jours. Sa personnalité ne sera toutefois **redécouverte qu'au 20e siècle par les surréalistes**.

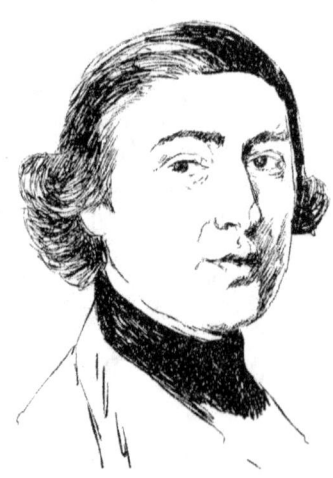

Thomas Gainsborough

Chapitre 4 : Renaissance et Temps Modernes

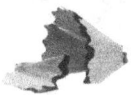

Réponse 101

La réponse est C. Peintre flamand, dont la vie reste méconnue, **Jérôme Bosch** (1453-1516), contemporain de **Van Eyck** et de **Léonard de Vinci**, reste attaché à la tradition gothique. Son interprétation très personnelle des thèmes religieux traditionnels font de cet artiste une figure isolée dans l'histoire de l'art. L'univers de **Bosch, hermétique et mystérieux** met en scène des figures monstrueuses, issues des bestiaires médiévaux, qui témoignent, au travers d'un **symbolisme moral**, de la perversité et des atrocités humaines, mais aussi d'un réalisme anecdotique qui influencera notamment l'œuvre de **Peter Brueghel**.

Question 101

Quelle est la caractéristique de l'œuvre de Jérôme Bosch :

A. les perspectives alambiquées ?
B. les planches anatomiques ?
C. les figures monstrueuses ?

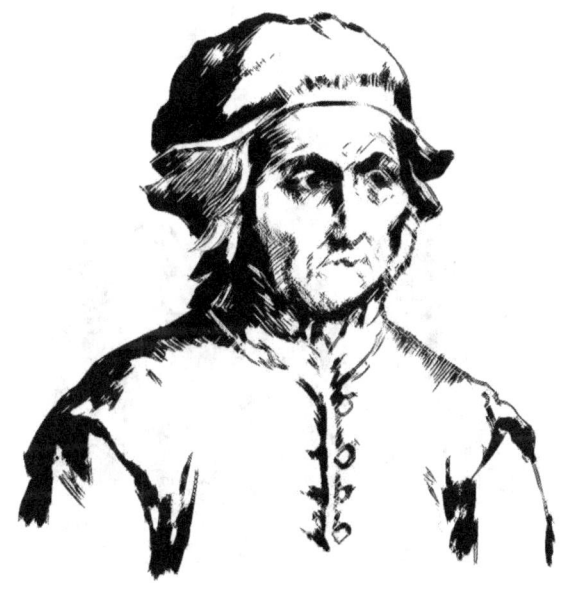

Jérôme Bosch

Histoire de l'art

Question 102

Combien de personnages sont représentés dans *Les Noces de Cana* de Véronèse :

A. 1 ?
B. 135 ?
C. 742 ?

Réponse 102

La réponse est B. Cette toile gigantesque (6,66 x 9,90 m) a été commandée au peintre italien **Véronèse** (1528-1588) pour orner le réfectoire du **couvent des bénédictins de San Giorgio**. Le contrat stipule que l'œuvre doit comprendre « autant de personnages qui pourront commodément y figurer ». Dans cette peinture qui transpose l'épisode sacré dans le cadre d'une **noce vénitienne du 16e siècle**, *Véronèse* représente, en sus des personnages de l'Évangile, vêtus à l'antique, les mariés, moines, serviteurs et musiciens. Ces derniers seraient, selon la légende, des **portraits déguisés des grands peintres du 16e siècle** : Titien, Tintoret, et l'artiste lui-même.

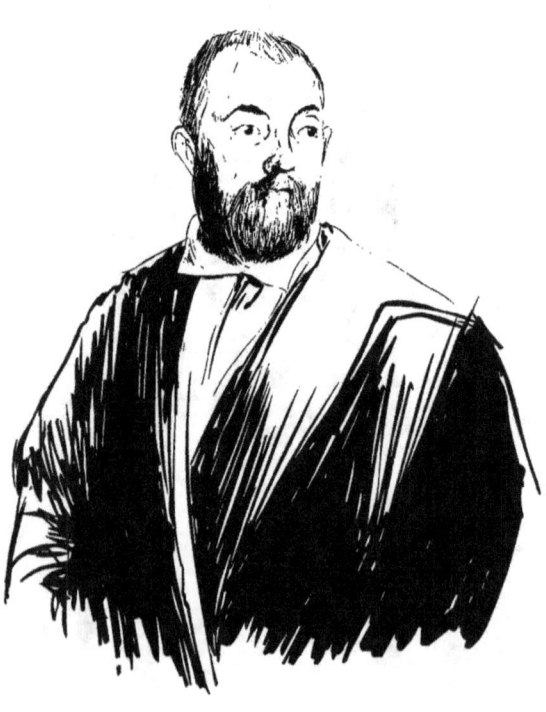

Véronèse

Chapitre 4 : Renaissance et Temps Modernes

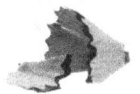

Réponse 103

La réponse est A. Fils de sculpteur, le Bernin (1598-1680) fait preuve d'un talent précoce qui lui vaut la **protection du cardinal Scipion Borghèse**. Dès ce moment, il est admiré par tous, travaille pour les Papes, Louis XIV ou Charles Ier d'Angleterre. **Architecte, sculpteur et décorateur**, le Bernin, qui se montre un technicien virtuose, se libère des conventions classiques, insuffle à ses créations souvent spectaculaires **tension et déséquilibre** et se fait maître des jeux de perspective. Autant de qualités qui feront de cet artiste le maître incontesté de l'art baroque.

Réponse 104

La réponse est C. **Assistant de Ghiberti** et **collaborateur de Donatello**, Uccello (1397-1475) – surnom qui signifie « l'oiseau » – se passionne pour la **perspective à points de fuite multiples**, une science en plein développement dans cette période de pré-Renaissance. Fort de cette pratique, il crée des **compositions élaborées** (la *Bataille de San Romano*), basées sur des jeux de courbes et de droites d'où résulte une étrange impression de rigueur mathématique. Ce goût pour la perspective, on le retrouve aussi dans l'un de ses motifs

Question 103

Quel sculpteur, surnommé le Cavalier, était considéré par ses contemporains comme le « nouveau Michel-Ange » :

A. Le Bernin ?
B. Jean-Baptiste Pigalle ?
C. Benvenuto Cellini ?

Question 104

Quel artiste de la Renaissance est connu pour ses peintures de batailles et ses « mazzochi » :

A. Pierro della Francesca ?
B. Giotto di Bonome ?
C. Paolo Uccello ?

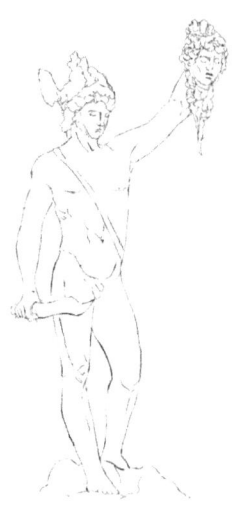

Le Persée de Benvenuto Cellini

Histoire de l'art

Question 105

Que représentent les fameuses fresques de la chapelle Bacci à Arezzo, peintes par Piero della Francesca entre 1452 et 1459 :

A. le baptême du Christ ?
B. la légende de la vraie Croix ?
C. la Genèse ?

Réponse 105

La réponse est B. Ce cycle illustre, au travers de dix scènes, l'épisode de la **Légende dorée** de *Jacques de Voragine* qui relate la découverte de la Croix du Christ par Sainte Hélène, la mère de l'empereur Constantin. Considérée comme **son œuvre majeure**, cette fresque est typique du style de **Piero della Francesca**, reconnaissable à une **lumière presque surnaturelle**, une application rigoureuse des principes de la perspective, une étude minutieuse de la nature et une recherche de formes épurées.

favoris, le **mazzocho**, couvre-chef typiquement florentin à la **structure complexe**, qui semble être pour le peintre un formidable objet d'étude.

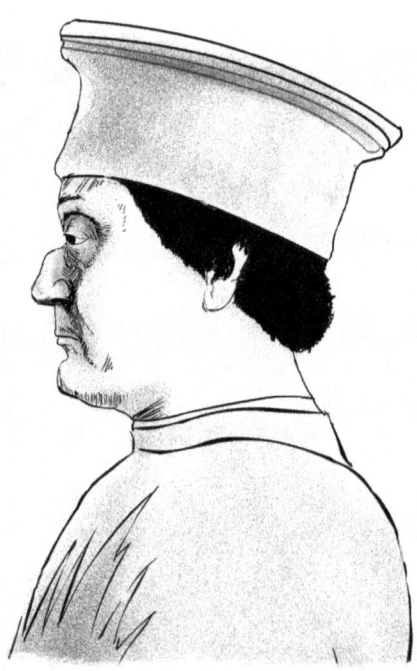

Portrait de Frédéric de Montefeltre par Piero della Francesca, 1465

Chapitre 4 : Renaissance et Temps Modernes

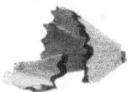

Réponse 106

La réponse est B. La pratique du **don d'une œuvre à une institution religieuse ou caritative** est très répandue au 15e siècle. Elle est à l'origine d'un véritable type iconographique : le **donateur**. On le représente habituellement dans une **attitude de prière**, accompagné par son saint patron ou par ses armoiries. Par cette libéralité, le donateur s'assurait un **triple bénéfice**. D'abord, son geste charitable lui assurait le salut de son âme. Ensuite, cette action était synonyme d'ascension sociale. Enfin, il y trouvait l'occasion de pérenniser son image.

Question 106

Dans la peinture religieuse des Primitifs Flamands, il est très fréquent de voir représentés des personnages laïcs aux côtés des figures saintes. Qui sont-ils :

A. les commanditaires de l'œuvre ?
B. les payeurs du tableau ?
C. les membres de la famille du peintre ?

Question 107

Sous quel nom est mieux connue la porte d'honneur du Baptistère de Florence réalisée par Lorenzo Ghiberti entre 1425 et 1452 :

A. Porte de l'Enfer ?
B. Porte du Paradis ?
C. Porte du Soleil ?

Réponse 107

La réponse est B. Œuvre de **Ghiberti**, cette porte de bronze marque la **transition de la sculpture entre Moyen Âge et Renaissance**. Si la première porte réalisée par l'artiste toscan est encore fidèle à la tradition gothique, la seconde se démarque par l'emploi d'un relief écrasé — ou **scacciato** — qui crée l'illusion de profondeur par le creusement progressif du bas-relief. C'est **Michel-Ange** qui serait à l'origine du surnom de cette porte, déclarant qu'elle était digne d'ouvrir sur le paradis.

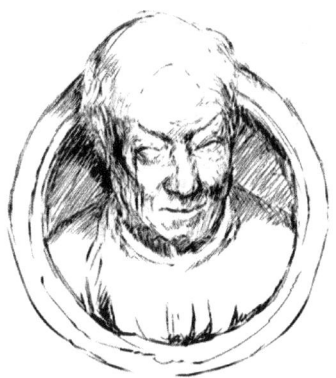

Autoportrait présumé de Ghiberti, Porte du paradis

Histoire de l'art

Question 108

Qui était Hélène Fourment :

A. la muse de Nicolas Poussin ?
B. la mère de Léonard de Vinci ?
C. la seconde épouse de Pierre-Paul Rubens ?

Question 109

Parmi ces trois artistes, qui n'a pas peint de fresques dans la *chapelle Sixtine* :

A. Sandro Botticelli ?
B. Michel-Ange ?
C. Raphaël ?

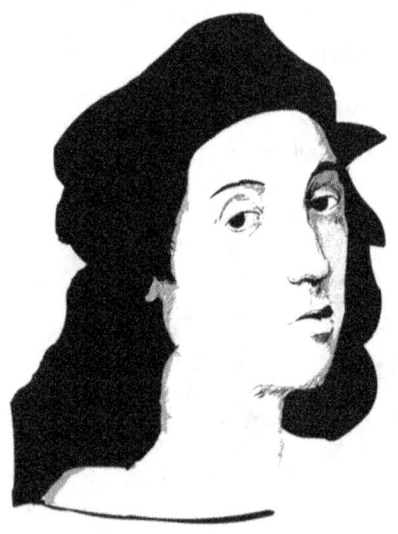

Raphaël

Réponse 108

La réponse est C. En 1630, Rubens (1577-1640), au faîte de sa gloire, épouse **Hélène Fourment** après les quatre ans de veuvage qui font suite au décès de sa première femme Isabelle Brandt. Âgée de dix-sept ans lors de son mariage, **Hélène Fourment servira de modèle à l'artiste** pour de nombreux tableaux, surtout des portraits, mais elle prêtera aussi ses traits aux personnages mythiques qui peuplent les œuvres de Rubens.

Réponse 109

La réponse est C. La reconstruction de la **chapelle Palatine du Vatican** débute en 1473 sous le pontificat de Sixte IV (l'édifice est alors baptisé chapelle Sixtine) et se termine en 1481. Durant moins d'une décennie, **les plus grands artistes de la Renaissance** s'y succèdent : Signorelli, Botticelli, Ghirlandaio, Le Pérugin, Michel-Ange, etc. Raphaël ne participe pas directement aux fresques de la chapelle Sixtine, mais participe à d'autres amégagements du Vatican (cf. les « Chambres de Raphaël »).

Chapitre 5

Le 19ᵉ siècle :
La naissance de l'art moderne

Réponse 110

La réponse est C. Dans le courant du 19ᵉ siècle, on assiste à l'**abandon progressif de l'héritage technique du passé**. La recherche de procédés nouveaux amène certains artistes (Géricault, Delacroix et Prudhon, etc.) à recourir au bitume. Ce pigment, proche du goudron, présente une teinte pouvant varier du rouge-brun au noir. Il est abondamment utilisé pour **densifier les ombres et réchauffer les glacis**.
Malheureusement, ce produit s'altère considérablement en vieillissant. Utilisé en profondeur, il ne sèche jamais à fond et provoque des **boursouflures** qui défigurent le tableau. Mêlé aux couches superficielles, il en **assombrit les teintes**, tout en perdant son aspect chaleureux.

Réponse 111

La réponse est B. C'est en 1826 que l'inventeur français **Nicéphore Nièpce fixe la première image sur une plaque photosensible**, après huit heures d'exposition. Cette image, prise au travers d'une **chambre noire**, figure un point de vue pris d'une fenêtre du Gras. Après la mort de Nièpce, le procédé est brevetée par **Louis Daguerre**, à qui on attribuera durant longtemps la paternité de cette invention.

Question 110

De nombreux chefs-d'œuvre du 19ᵉ siècle, à l'instar du *Radeau de la Méduse* de Géricault, nous sont parvenus dans un état de conservation déplorable. Quelle est la cause de cette dégradation :

A. ces peintures ont été endommagées lors des transformations du Louvre ?

B. les artistes du 19ᵉ siècle ne vernissaient pas leurs tableaux ?

C. les dégâts ont été occasionnés par un emploi excessif de bitume ?

Question 111

Quelle est la date supposée de la première photographie :

A. 1796 ?

B. 1826 ?

C. 1876 ?

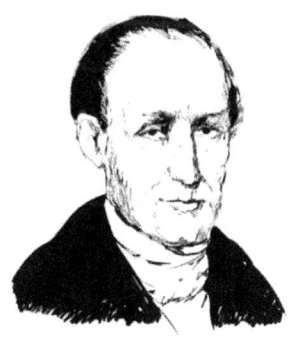

Nicéphore Nièpce

Histoire de l'art

Question 112

D'où provient le nom Impressionnisme :

- A. d'une marine intitulée *Impression soleil levant* ?
- B. ce nom fut proposé par Van Gogh dans une lettre à son frère Théo ?
- C. du terme imprécision ?

Question 113

Quelle est la particularité anatomique de la *Grande Odalisque* de Jean-Dominique Ingres :

- A. elle possède trois vertèbres de trop ?
- B. c'est une femme mi-humaine mi-poisson ?
- C. son visage est celui de la Reine de Naples, sœur de Napoléon ?

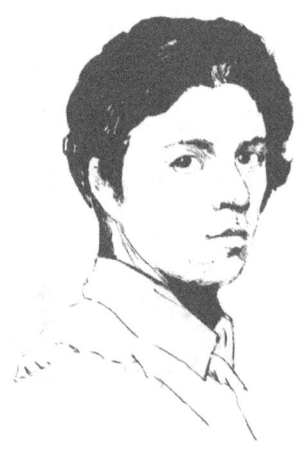

Jean-Dominique Ingres

Réponse 112

La réponse est A. En 1874, un journaliste écrit à propos d'une toile de **Monet**, que l'artiste a intitulé *Impression, soleil levant* : « Impression, j'en étais sûr ; puisque je suis impressionné, il doit y avoir de l'impression là-dedans… Et quelle liberté, quelle aisance dans la facture ! Le papier peint à l'état embryonnaire est encore plus fait que cette marine là ». L'expression sera d'abord récupérée par les critiques, puis par les artistes eux-mêmes qui, nommés jusqu'alors le **groupe des Batignolles**, seront rebaptisés Impressionnistes.

Réponse 113

La réponse est A. Cette œuvre, commandée par la **reine de Naples** et exécutée en 1814, est caractéristique du style de **Ingres** (1780-1867). Pour ce dernier, **la ligne et le dessin** sont les outils qui traduisent la beauté des corps et la **perfection des formes**, si chers à l'idéal néo-classique. Dès lors, Ingres n'hésite pas à déformer volontairement la réalité. « En matière de vrai, dit-il, j'aime mieux qu'on soit un peu au-delà. » C'est le cas de la **Grande Odalisque** dont l'allongement dorsal fera dire qu'elle a trois vertèbres de trop.

Chapitre 5 : Le 19ᵉ siècle

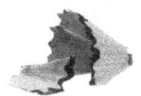

Réponse 114

La réponse est A. Rejoints à Arles en 1888, **Van Gogh** (1853-1890) et Gauguin, qui partagent des idées artistiques communes, fondent l'« **atelier du midi** », où, peignant côte à côte, ils échangent leurs points de vue sur l'art moderne. Mais les divergences sont nombreuses, et les disputes entre les deux hommes se multiplient. À la suite de l'une d'entre elles, qui marque la fin de la collaboration entre les deux artistes, **Van Gogh se coupe l'oreille** à l'aide d'une lame de rasoir. Bien qu'arrêté par la police, Gauguin, absent au moment du drame, n'était pas réellement responsable de la mutilation de **Van Gogh** qui, peu à peu, sombrait dans une folie qui le mènera au **suicide** moins de deux ans plus tard.

Question 114

Quel événement amena Vincent Van Gogh à se trancher l'oreille :

A. une querelle avec Paul Gauguin ?

B. le refus de sa peinture *Chambre à Arles* au huitième Salon des impressionnistes ?

C. le décès de son frère Théo ?

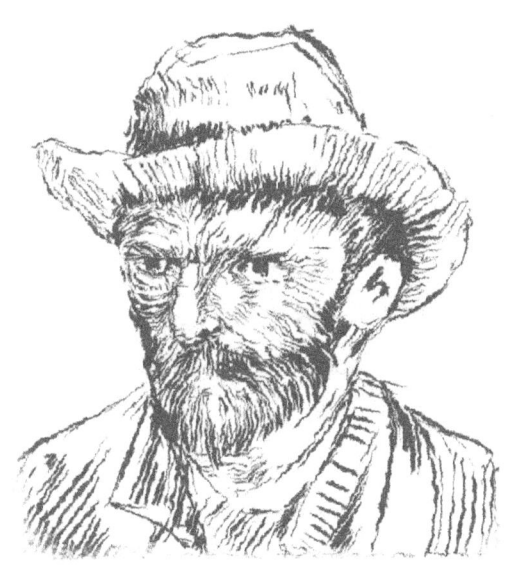

Vincent Van Gogh, autoportrait, 1887-1888

Histoire de l'art

Question 115

En 1990, la vente par Christie's du Portrait du Dr Gachet de Vincent Van Gogh atteint un prix record. Quel est ce prix :

A. 7,2 millions de dollars ?
B. 33 millions de dollars ?
C. 82,5 millions de dollars ?

Question 116

Qui fut le modèle de l'*Olympia* de Manet (1863) :

A. Madame Récamier ?
B. Victorine Meurant ?
C. Berthe Morisot ?

Réponse 115

La réponse est C. Le ***Docteur Gachet***, collectionneur, artiste et médecin, fréquentait les artistes impressionnistes tel que ***Van Gogh***, dont il s'occupa quelques temps, mais également Renoir, Cézanne ou Monet. Son portrait, réalisé par Van Gogh en 1890, est acquis un siècle plus tard par un **homme d'affaires japonais** pour la somme de 82,5 millions de dollars. Record absolu à l'époque, ce prix a depuis été largement dépassé pour atteindre 140 millions de dollars en novembre 2006 lors de la vente de la toile « N°5 » de Jackson Pollock, peinte en 1948. Le précédent record était détenu par le portrait de Gustav Klimt « Adèle Bloch-Bauer I » vendu lors d'une vente aux enchères chez Christie's quelques mois auparavant.

Réponse 116

La réponse est B. Surnommée ***Mademoiselle V***, Victorine Meurant était le **modèle favori** d'***Édouard Manet*** (1832-1883). Cette **femme peintre**, habituée des salons, posa notamment pour Le **Déjeuner sur l'herbe** (1863), La Femme au perroquet (1866) et probablement pour Le fifre (1866). À la fin de sa vie, Victorine Meurant, qui vendait

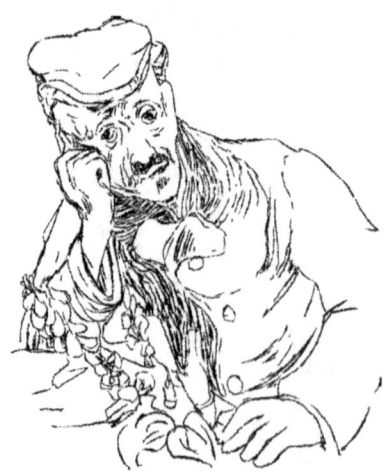

Le Docteur Gachet, Vincent Van Gogh

Chapitre 5 : Le 19ᵉ siècle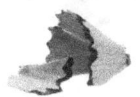

Réponse 117

ses dessins dans la rue, sombra dans l'alcool et la prostitution.

La réponse est C. Dès 1866, alors qu'il rédige le compte-rendu du salon, Zola s'insurge contre la **tyrannie de l'académisme** et le triomphe du beau idéal. Il se passionne pour une génération de jeunes peintres — les futurs impressionnistes — qui **s'efforcent de restituer le réel avec vérité**. Zola se lie d'amitié à ces artistes, et plus particulièrement à **Manet** qui réalise son portrait en 1868 et qu'il défend lors du scandale suscité par l'*Olympia*. Pourtant, vers 1890, l'enthousiasme de Zola se tempère jusqu'à se

Question 117

Quel écrivain célèbre fut le plus fidèle ami et défenseur des impressionnistes :

A. Honoré de Balzac ?

B. Gustave Flaubert ?

C. Émile Zola ?

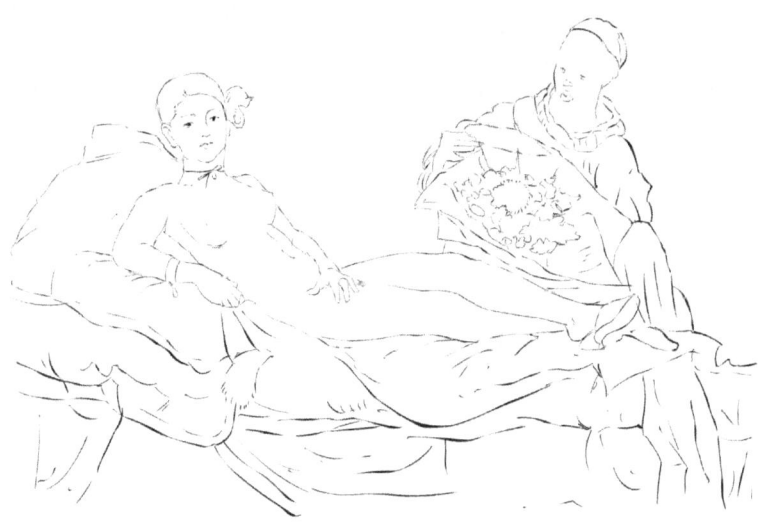

Edouard Manet, *Olympia*, 1863

Histoire de l'art

Question 118

Le néo-impressionnisme se distingue de l'impressionisme par :

A. la systématisation de la technique impressionniste ?
B. un saut chronologique d'un demi-siècle ?
C. le passage à l'abstraction ?

Réponse 118

La réponse est A. À partir des années 1880, des artistes cherchent à **rationaliser l'héritage impressionniste**. Tout en conservant le caractère instantané de la vision et la technique picturale par touche colorée, ils s'inspirent des **théories scientifiques** de la division des couleurs et des lois de l'optique pour créer une **technique systématique de représentation**. Ce mouvement, dont l'essor vers 1910 marque la fin de l'impressionnisme, est également dénommé « divisionnisme », « pointillisme », « chromo-luminarisme » ou « pein- transformer en une critique acerbe de ceux qu'il avait pourtant admirés.

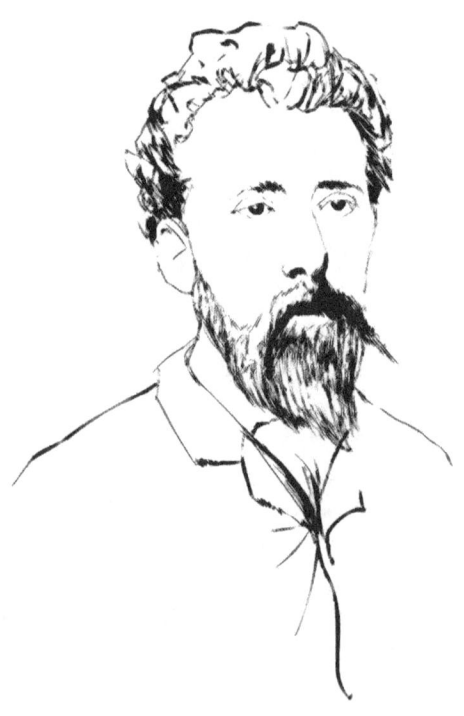

Georges Seurat

Chapitre 5 : Le 19ᵉ siècle

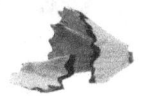

ture optique ». Ses représentants les plus illustres sont Pissaro, Seurat et Signac.

Réponse 119

La réponse est B. Cette œuvre est peinte en 1866 pour un collectionneur turc amateur de tableaux érotiques. Mais elle **ne sera exposée au public qu'en 1995**, date à laquelle elle entre au Musée d'Orsay. Dissimulée par des systèmes de rideaux, de double-fond, ou recouverte par une autre peinture, elle n'aura été montrée jusqu'alors qu'à de rares privilégiés proches de ses différents acquéreurs, parmi lesquels figure **Jacques Lacan**. Le caractère provocant du tableau est encore accentué par son traitement **exempt de toute idéalisation**, caractéristique du **réalisme de Courbet**.

Question 119

Que représente la toile de Courbet intitulée *L'origine du monde* :

A. Adam et Ève chassés du Paradis ?
B. un sexe féminin ?
C. le big-bang ?

Question 120

Quel peintre et affichiste de renom a dépeint l'univers nocturne de Montmartre, du Moulin de la Galette au Moulin-Rouge ?

A. Auguste Renoir ?
B. Henri de Toulouse-Lautrec ?
C. Honoré Daumier ?

Réponse 120

La réponse est B. Fils de comte, Toulouse-Lautrec (1864-1901), qui souffre d'une infirmité qui lui aura laissé les jambes atrophiées et rendu boiteux, connaît une jeunesse difficile. Profondément affecté par son handicap, il **s'installe à Montmartre et se réfugie dans la peinture**. Il s'entiche alors des **milieux populaires** (danseuses, prostituées ou forains), qu'il dépeint avec une acuité sans

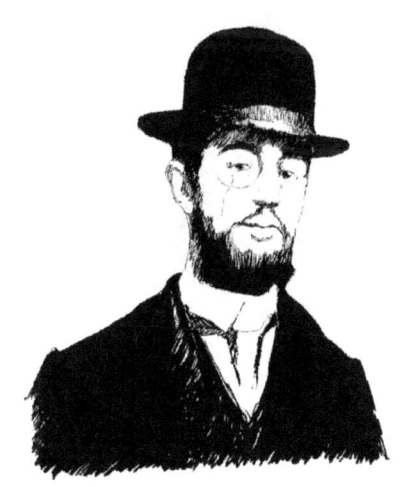

Henri de Toulouse-Lautrec

Histoire de l'art

Question 121

En quelle occasion fut construite la tour Eiffel :

A. le centenaire de la Révolution française ?
B. l'exposition universelle de 1851 ?
C. l'avènement de la 3ᵉ République ?

Réponse 121

La réponse est A. Lorsque le gouvernement français décide de célébrer les 100 ans de la Révolution en organisant sa troisième exposition universelle, un concours est organisé pour la réalisation du monument commémoratif. Parmi les **700 projets concourants**, c'est celui de l'ingénieur Gustave Eiffel qui est retenu. S'élevant à **300 mètres de hauteur**, l'édifice, dont la structure témoigne de l'essor de l'**architecture de verre et de fer**, comprend quelque 15 000 éléments assemblés par 2 500 000 rivets. Jugée monstrueuse lors de sa construction, **la « Dame de fer »** faille. Malgré cette période de salut, l'artiste meurt à 37 ans, victime de l'alcool, de la syphilis et de crises de paranoïa.

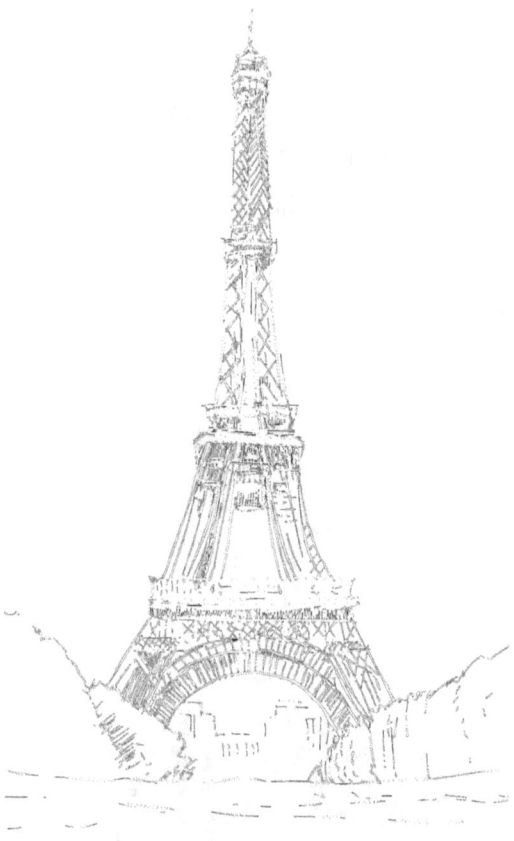

La tour Eiffel

Chapitre 5 : Le 19ᵉ siècle

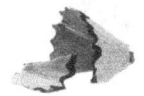

devient très vite le symbole de Paris, et **échappe à sa destruction** initialement prévue par sa reconversion en antenne télégraphique monumentale.

Réponse 122

La réponse est A. Sculpteur néoclassique (1770 - 1844), Thorvaldsen, qui s'installe à Rome durant près de quarante ans, fut le plus célèbre représentant de la période dite de l'**Âge d'Or** danois, et sa réputation l'amena à travailler dans toutes les **grandes cours d'Europe**. Ses œuvres, sobres et élégantes, sont marquées par une **interprétation plus rigoureuse des canons antiques** que celle de son principal rival, **Antonio Canova**. Parmi ses sculptures les plus célèbres, citons le **Mausolée du Pape Pie VII** à Saint-Pierre de Rome ou la frise de l'**Entrée d'Alexandre dans Babylone** commandée par Napoléon.

Réponse 123

La réponse est C. Adolphe William Bouguereau fut l'un des plus importants représentants de l'**académisme bourgeois** de la fin du 19ᵉ siècle. Professeur à l'école des Beaux-Arts de Paris, membre du jury, il **ferme les portes du Salon aux impressionnistes** qui inventent par vengeance le terme

Question 122

Quel sculpteur fut surnommé le « Phidias danois » :

A. Bertel Thorvaldsen ?
B. Auguste Rodin ?
C. Karl Friedrich Schinkel ?

Question 123

Le terme « bouguerauté » est synonyme de :

A. abstraction ?
B. modernité ?
C. académisme ?

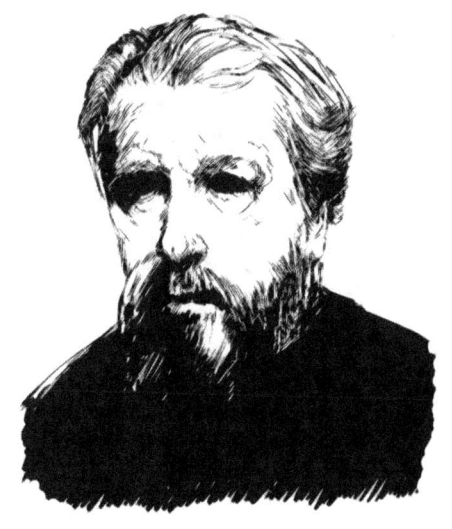

Adolphe William Bouguereau

Histoire de l'art

Question 124

Parmi les artistes impressionnistes suivants, lequel n'a pas peint de *Déjeuner sur l'herbe* :

- A. Claude Monet ?
- B. Auguste Renoir ?
- C. Edouard Manet ?

Question 125

Parmi ces artistes français, lequel fut « premier peintre » de Napoléon :

- A. Jean-Dominique Ingres ?
- B. Jacques-Louis David ?
- C. Eugène Delacroix ?

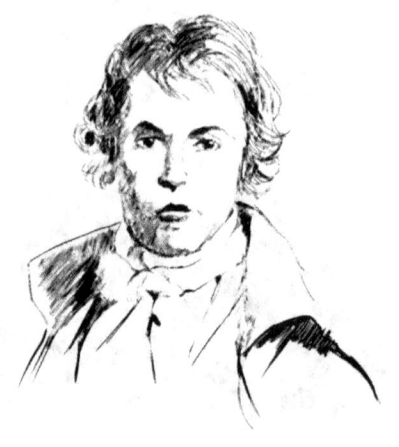

Jacques-Louis David

Réponse 124

La réponse est B. La première toile intitulée *Le Déjeuner sur l'herbe* est peinte par Manet en 1863, année de naissance de la peinture moderne. L'œuvre est exposée au **Salon des refusés** et fait scandale, tant par sa technique hardie que par le sujet représenté : une femme nue au milieu d'hommes en costumes. Deux ans plus tard, Monet, qui admire son aîné, reprend le thème dans une œuvre qu'il laissera inachevée. Les deux toiles représentent une **réunion de personnages en plein-air**, thème cher aux impressionnistes qui ne cesseront de dépeindre les endroits où ils se retrouvent tel que la **Grenouillère** ou le **Moulin de la Galette**.

De « bouguerauté » pour désigner la peinture académique de l'époque. **Zola** se montrera extrêmement critique vis-à-vis de cet art pompier qu'il définit en ces termes : « La peinture sur porcelaine paraît grossière à côté de ses toiles. Ici le style académique est bien dépassé : c'est le comble du pommadé et de l'élégance lustrée ».

Réponse 125

La réponse est B. Engagé dans la vie politique de son temps, David est

Chapitre 5 : Le 19ᵉ siècle

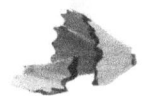

d'abord le **peintre de la Révolution**, ami de Robespierre et auteur du **Marat assassiné**. Grand admirateur de Bonaparte, il réalise en 1800 une toile de grandes dimensions représentant Napoléon franchissant les Alpes au Grand Saint-Bernard. **Peintre néoclassique par excellence**, il se sert des modèles antiques pour glorifier le règne du Souverain. En 1804, il est nommé « peintre de l'empereur » et réalise le *Sacre de Napoléon* (1805-1807). Plusieurs de ses élèves, dont Ingres et Gros, se feront également les chantres de l'épopée napoléonienne.

Réponse 126

La réponse est A. Peintre anglais, Turner (1775-1851) a produit une œuvre abondante, imprégnée de romantisme, mais dont la singularité annonce déjà les recherches impressionnistes qui débutent dix années après sa mort. C'est l'influence du Lorrain et ses voyages en Italie qui amènent le peintre à entreprendre des recherches sur les effets atmosphériques et les jeux de lumière, qu'il traite avec une si grande liberté que les formes se dématérialisent dans un tourbillon vaporeux.

Réponse 127

La réponse est C. En 1816, le bateau français **la Méduse** fait

Question 126

À quel artiste se rapporte cette citation :
« Tout est enveloppé et dévoré par la lumière » :

A. William Turner ?
B. Edgar Degas ?
C. Vincent Van Gogh ?

Question 127

Qui est l'auteur du *Radeau de la Méduse* :

A. Gustave Moreau ?
B. William Turner ?
C. Théodore Géricault ?

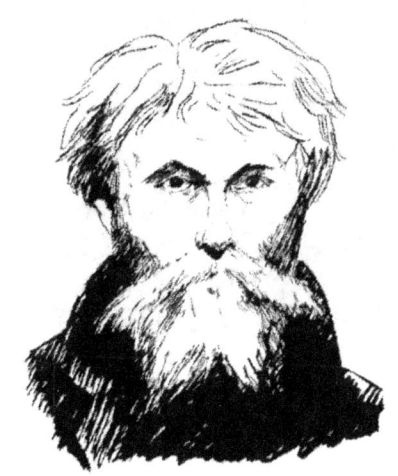

Gustave Moreau

Histoire de l'art

Question 128

En 1863, quelle manifestation réunit les peintres Whistler, Manet et Courbet ?

- A. l'exposition universelle de Paris ?
- B. le Salon des refusés ?
- C. la deuxième exposition du Cercle de l'union artistique ?

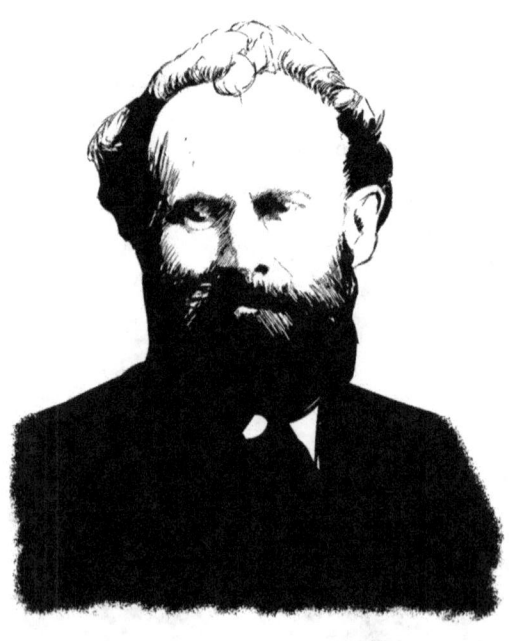

Edouard Manet

naufrage, et les 150 rescapés s'entassent sur un radeau de fortune. Lorsqu'ils sont retrouvés, près d'un mois plus tard, il ne reste que quinze survivants. Le drame, qui bouleverse la société parisienne, est dépeint par Géricault (1791-1824) avec un **rare souci de réalisme**. L'artiste, qui effectue de très nombreuses études préparatoires, interroge les rares survivants, observe malades et cadavres, fait construire par un charpentier une réplique du radeau. Lorsque cette œuvre de près de 5 mètres sur 7 est exposée au Salon en 1819, elle provoque le **scandale**, tant par son réalisme morbide que parce qu'elle traite un thème contemporain.

Réponse 128

La réponse est B. Dans la seconde moitié du 19e siècle, un grand nombre d'artistes, dont **les recherches rompent avec la tradition académique**, se voient exclus des Salons officiels. Désireux de promouvoir les idées nouvelles, ils obtiennent de Napoléon III l'autorisation d'ouvrir leur propre exposition : le Salon des refusés. Cette première manifestation, qui se tient en marge des institutions officielles, **préfigure de nombreuses expositions indé-**

Chapitre 5 : Le 19ᵉ siècle

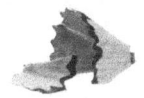

pendantes, qui, menées notamment par les impressionnistes, entraînent la **disparition progressive du Salon**.

Réponse 129

La réponse est A. Cette toile, qui fait directement écho à l'insurrection des « 3 glorieuses » qui provoquèrent l'abdication de Charles X et l'**avènement de la Monarchie de Juillet** qui annonce le règne de Louis-Philippe, est présentée au salon de 1831. Malgré un **accueil mitigé** (l'œuvre fait preuve d'un réalisme audacieux et d'une facture nerveuse) l'état s'en porte acquéreur et la toile est exposée au **Salon du Luxemboug**. Mais cette œuvre, qui s'avère trop **représenta-**

Question 129

Qui acheta la *Liberté guidant le peuple* de Delacroix, lors de son exposition en 1831 :

A. Louis-Philippe ?
B. Charles X ?
C. Napoléon ?

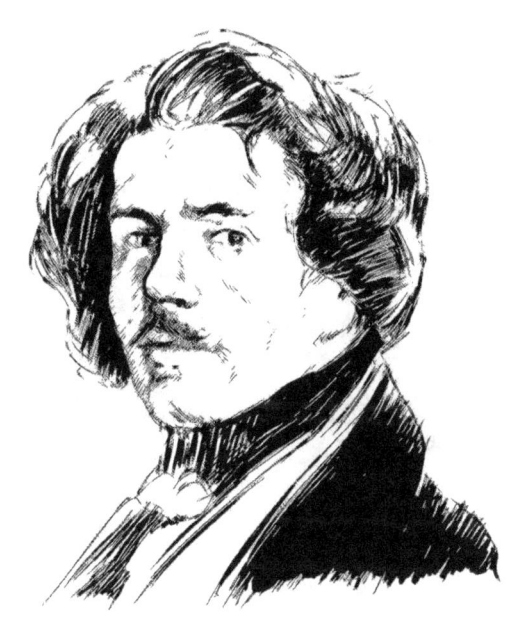

Eugène Delacroix

Histoire de l'art

Question 130

Quel peintre, auteur des *Romains de la décadence* du musée d'Orsay, fut le maître d'Edouard Manet :

- A. Gustave Courbet ?
- B. Thomas Couture ?
- C. Jacques-Louis David ?

Question 131

Le *Talisman*, peint en 1888 par Paul Sérusier, va fédérer de jeunes artistes autour d'idées nouvelles qui annoncent une rupture capitale dans l'histoire de l'art. Comment se nomme ce groupement d'artistes :

- A. l'école de Barbizon ?
- B. les nabis ?
- C. les nazaréens ?

Réponse 130

La réponse est B. Thomas Couture (1815-1879), qui **triomphe au Salon de 1847** avec une peinture d'histoire **les Romains de la décadence** (près de 5 mètres sur 8), fut l'un des représentants majeurs de l'**éclectisme**, qui, dans une volonté de régénérer l'art français, a tenté de **réconcilier néo-classicisme et romantisme**. Mais ce style, qui ne possède **pas d'originalité propre**, se caractérise surtout par des emprunts aux maîtres du passé, et annonce l'art le plus officiel de la seconde moitié du 19e siècle. Couture aura une relation houleuse avec **Manet**, qui sera son élève durant six années.

Réponse 131

La réponse est B. **Paul Sérusier** rencontre **Gauguin** à Pont-Aven en 1888. Inspiré par les paroles de ce dernier : « Comment voyez-vous ces arbres ? Ils sont jaunes. Eh bien, mettez du jaune ; cette ombre, plutôt bleue, peignez-la avec de l'outremer pur », il peint **le Talisman**. Le tableau, qui pré-

Chapitre 5 : Le 19ᵉ siècle

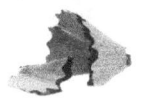

sente des **taches de couleurs difficilement identifiables**, rompt définitivement avec la tradition naturaliste et avec l'usage mimétique des couleurs que même les impressionnistes n'avaient osé abandonner. Plusieurs artistes (Maurice Denis, Pierre Bonnard, etc.), se rassemblent autour de ces idées et forment le groupe des « nabis ». Les **formes épurées**, les **contours cernés** et l'**autonomie de la couleur** constituent les fondements de leur peinture — dite aussi « cloisonnisme » ou « synthétisme » — qui constitue **l'un des plus importants jalons de l'abstraction**.

Question 132

Quel artiste impressionniste fut surnommé « le peintre des danseuses » :

A. Théodore Géricault ?
B. Édouard Manet ?
C. Edgar Degas ?

Réponse 132

La réponse est C. **Disciple d'Ingres**, Degas (1834-1917) se détache bientôt de l'enseignement de son maître et **se passionne pour les peintres réalistes**. À partir des années 1865, ses recherches se concentrent sur des **thèmes restreints** : courses de chevaux, femmes au bain et danseuses, qu'il traite avec des cadrages inédits, **inspirés des estampes japonaises**. À l'inverse des autres impressionnistes, Degas ne peint pas en plein air, mais il réalise des **croquis sur le**

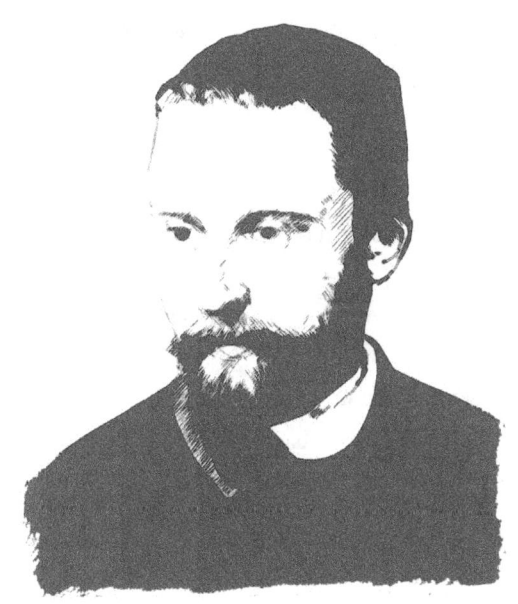

Paul Sérusier

101

Histoire de l'art

Question 133

Quelle région du monde inspire les orientalistes du 19e siècle :

A. le Japon ?
B. l'Afrique du Nord ?
C. le Moyen-Orient ?

Question 134

Le collectionneur et marchand d'art Samuel Bing est lié à l'histoire de l'Art Nouveau. Pourquoi :

A. il est à l'origine de la dénomination de ce style ?
B. il a fondé le mouvement « Arts and Crafts » ?
C. il a inventé la ligne en « coup de fouet » ?

> **Scènes des Massacres de Scio**
>
> La guerre d'indépendance de la Grèce, assimilée à l'Empire Ottoman, débute en 1821. Le conflit est particulièrement sanglant. En 1822, le massacre des habitants de l'île de Scio fait 70.000 morts. Deux ans plus tard, l'écrivain anglais lord Byron perd la vie lors du siège de Missolonghi. La même année, Delacroix expose au Salon les *Scènes des Massacres de Scio*, toile dans laquelle il met en scène la barbarie de cette guerre. L'œuvre, un sujet moderne traité avec une facture moderne, est bientôt considérée comme le manifeste de la peinture romantique.

vif dont le réalisme choque certains de ses contemporains. Degas laisse derrière lui plus de 2 000 tableaux et pastels, mais aussi de nombreuses sculptures et gravures.

Réponse 133

La réponse est B. L'orientalisme, qui est un **courant thématique plus que stylistique**, apparaît suite à une série d'événements historiques survenus dans la première moitié du 19e siècle. La campagne d'Égypte de Napoléon, la libération de la Grèce et la conquête d'Algérie sont les principaux jalons de la **découverte progressive du monde oriental**. Les artistes romantiques, comme **Delacroix** et **Chassériau**, y trouvent l'occasion de renouveler leurs sources d'inspiration et de réaliser une peinture en prise avec son temps. D'autres, comme le naturaliste **Guillaumet**, sont mus par un intérêt ethnographique.

Réponse 134

La réponse est A. En 1895, **Bing** ouvre à Paris un magasin qu'il baptise **L'Art nouveau Bing**, en référence au nom de la revue **l'Art Moderne**, qui pose les fondements de **l'esthétique moderniste** de l'Art Nouveau : renouvelle-

Chapitre 5 : Le 19ᵉ siècle

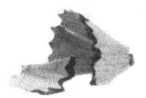

ment des sources d'inspiration et recherche d'une unité formelle qui **rompt avec l'éclectisme ambiant**. Mais Bing est aussi l'un des principaux acteurs du **japonisme**. Il crée une revue intitulée **Le Japon artistique** et vend estampes et objets d'Extrême-Orient dont la **richesse décorative, formelle et matérielle** sera l'une des sources d'inspiration majeures de l'Art Nouveau.

Réponse 135

La réponse A. Le **Romantisme** est le nom d'un **mouvement artistique européen** qui se développe d'abord en littérature, puis en peinture entre 1820 et 1850.
Il se caractérise par une **rupture avec la tradition néo-classique** et sa rigueur formelle et morale, par une exaltation de l'individu souvent empreinte de mélancolie. Il fait la part belle à l'irrationnel, au mystère et au fantastique, et met à l'honneur la mythologie nordique. En peinture, les plus célèbres représentants du romantisme sont **Delacroix, Géricault** et **Friedrich**.

Réponse 136

La réponse est B. La production de Monet (1840-1926) est marquée, durant la seconde moitié de

Question 135

Le Romantisme est marqué par :

A. une exaltation du monde intérieur de l'individu ?
B. un retour à l'art roman ?
C. une fascination pour l'idéalisation antique ?

Question 136

Quel artiste impressionniste est célèbre pour ses séries :

A. Camille Pissaro ?
B. Claude Monet ?
C. Paul Cézanne ?

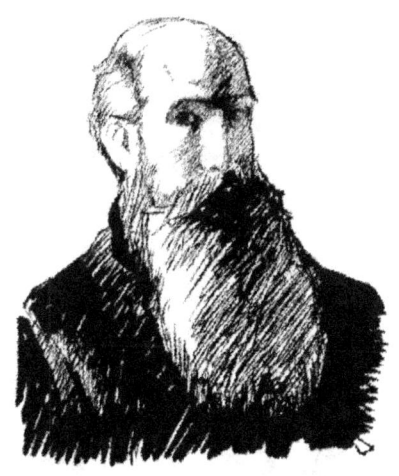

Camille Pissaro

Histoire de l'art

Question 137

À quel mouvement artistique appartiennent Gustave Moreau et Odilon Redon :

- A. au Post-impressionnisme ?
- B. au Symbolisme ?
- C. au Réalisme ?

Question 138

Félix Tournachon, photographe fameux et ami des impressionnistes, est mieux connu sous le pseudonyme de :

- A. Nadar ?
- B. Rodin ?
- C. Muybridge ?

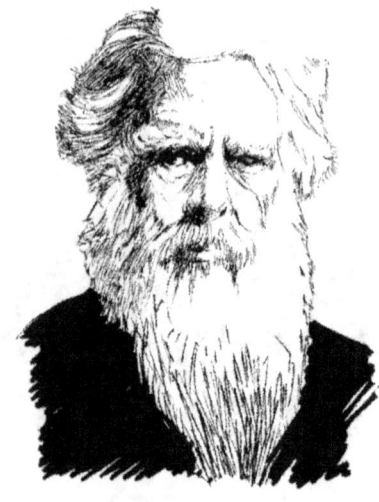

Eadweard Muybridge

sa vie, par une **production de séries** au travers desquelles il décline un même sujet : peupliers, meules, façade de la cathédrale de Rouen et nénuphars. Cette recherche, typique de la quête impressionniste du rendu de la **vision immédiate**, d'étude de la lumière et des **variations atmosphériques**, culmine avec la série des Nymphéas, dans laquelle la restitution d'une vision se substitue à toute volonté de représentation.

Réponse 137

La réponse est B. Mouvement européen, artistique et littéraire, le symbolisme naît à la fin du 19e siècle, aux alentours de la date clef de 1886 qui voit la publication du Manifeste symboliste de *Jean Moréas*. Le symbolisme s'oppose à la vision par trop objective de la réalité des artistes romantiques et naturalistes. Il propose une **fuite hors du monde** à la rencontre de l'imaginaire, du rêve du mystère. À la représentation prosaïque de la réalité, l'artiste symboliste préfère l'**évocation de l'idée**, qu'il dépeint néanmoins de façon naturaliste.

Réponse 138

La réponse est A. D'abord journaliste et dessinateur, Nadar (1820-

Chapitre 5 : Le 19ᵉ siècle

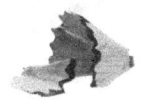

1910) devient rapidement le portraitiste des plus éminentes personnalités du Second Empire : Charles Baudelaire, Victor Hugo, Georges Sand, etc. Mais il se montre aussi un grand innovateur ; il réalise les premières prises de **vue aériennes** en ballon, photographie les **catacombes** et les **égoûts** de Paris. C'est également dans son atelier que sera organisée la **première exposition impressionniste** en 1874.

Question 139

En 1877, lorsque Auguste Rodin expose une sculpture d'homme nu, intitulée *L'âge d'airain*, on lui porte une grave accusation. Laquelle :

A. on le soupçonne d'avoir moulé une statue antique ?

B. on l'accuse d'avoir moulé un corps humain ?

C. on l'accuse d'avoir fait réaliser l'œuvre par un autre sculpteur ?

Réponse 139

La réponse est B. Lorsque **Rodin** (1840-1917) réalise cette sculpture, il est encore inconnu, et espère que cette œuvre lui apportera la renommée. Mais les critiques sont mitigées. On reconnaît dans ce plâtre **« une qualité aussi précieuse que rare : la vie »**, mais on soupçonne aussi un surmoulage. Choqué, **Rodin** tente de se défendre de cette accusation qui

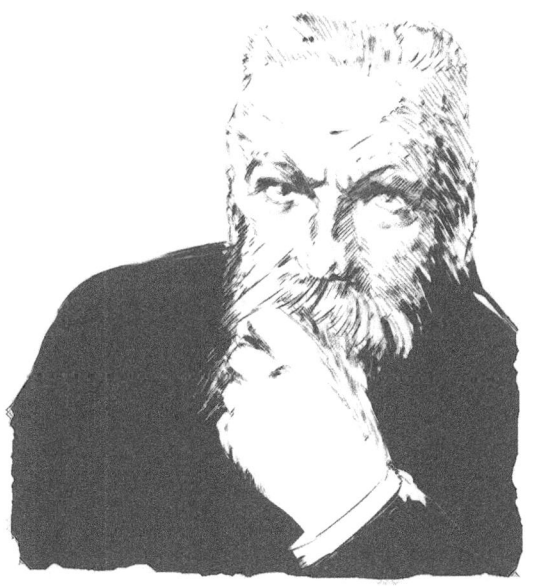

Auguste Rodin

Histoire de l'art

Question 140

Quel est le peintre dont le nom est étroitement associé à Tahiti :

A. Paul Gauguin ?
B. Paul Cézanne ?
C. Vincent Van Gogh ?

Question 141

Qui a peint *Les Glaneuses*, *Le Semeur* et *Le Vanneur* :

A. Gustave Courbert ?
B. Eugène Delacroix ?
C. Jean-François Millet ?

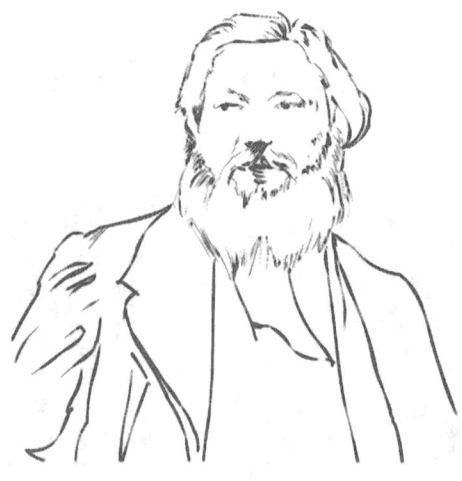

Gustave Courbet

ternit sa réputation. Il montre des photographies de son modèle et réalise un moulage sur nature de celui-ci. L'artiste aura le plus grand mal à convaincre les experts, mais **il est déjà devenu célèbre**.

Réponse 140

La réponse est A. Marin puis agent de change, Paul Gauguin (1848-1903) arrive assez tardivement à la peinture. Il fréquente d'emblée les **milieux impressionnistes**, mais les difficultés financières l'amènent à effectuer de **nombreux voyages**, au Danemark, en Bretagne, en Martinique et enfin, à **Tahiti puis aux îles Marquises**, où il sera enterré lors de son dernier séjour. Les œuvres qu'il réalise à cette époque se distinguent par une **tendresse voluptueuse**, des formes synthétiques aux couleurs intenses et des sujets teintés de **mysticisme**.

Réponse 141

La réponse est C. Le premier tableau de Millet (1814-1875) ayant pour sujet le monde rural est Le Vanneur, présenté au Salon de 1848. L'œuvre est **appréciée des milieux d'avant-garde**, mais elle suscite la critique par son sujet qui, **privé de tout idéalisme**, ne correspond à aucun modèle de la grande peinture. Installé à

Chapitre 5 : Le 19ᵉ siècle

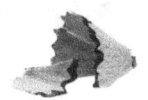

Barbizon, celui que l'on nommera **« le peintre des paysans »** ne cessera de dépeindre le monde des travailleurs avec une sincérité empreinte de mysticisme, et un réalisme qui fera l'**admiration de Courbet**.

Réponse 142

La réponse est B. Sœur de l'écrivain Paul Claudel, Camille (1864-1943) entre dans l'atelier de Rodin en 1883, puis **devient son modèle**, sa collaboratrice et enfin son amante. Durant quelques années, les deux artistes vivent une parfaite idylle et **s'influencent réciproquement**. Mais leur relation se ternit et devient orageuse. Rodin éclipse la personnalité de la jeune

Question 142

Quelle artiste fut la compagne et l'égérie d'Auguste Rodin :

A. Georges Sand ?
B. Camille Claudel ?
C. Viera da Silva ?

Citations de Rodin :

« Je marche dans l'Antiquité la plus reculée. Je veux relier le passé au présent, reprendre le souvenir, juger et arriver à compléter. »

« Il n'y a réellement ni beau style, ni beau dessin, ni belle couleur : il n'y a qu'une seule beauté, celle de la vérité qui se révèle... »

« Celui qui ajoute du vert au printemps, des roses à l'automne, du pourpre à de jeunes lèvres, crée de la laideur parce qu'il ment. »

« J'ai toujours essayé de rendre les sentiments intérieurs par la mobilité des muscles. »

Chapitre 6
Le 20ᵉ siècle : Des avant-gardes à l'art contemporain

Réponse 143

La réponse est A. Figure emblématique d'**Action Painting**, **Jackson Pollock** (1912-1956) développe aux côtés de Willem De Kooning et Franz Kline une peinture qui oppose le **geste physique**, immédiat et automatique à toute réflexion et représentation dans l'art. C'est pour servir cette spontanéité gestuelle que Pollock invente le **dripping**, qui consiste à faire dégouliner de la peinture sur la toile, à l'aide d'un bâton ou de pots de couleurs troués.

Question 143

Qu'est-ce que la technique du *dripping*, mise au point par Jackson Pollock vers 1950 :

A. cette technique consiste à faire couler de la couleur directement sur le support ?

B. il s'agit de poser la toile à même le sol, pour la couvrir de façon centrifuge, sans se soucier de son orientation ?

C. cette technique consiste à laisser dégoutter une toile après l'avoir plongée dans un bain de peinture ?

Réponse 144

La réponse est C. L'Arte Povera, ou Art pauvre, est l'appellation donnée en 1967 par le critique **Germano Celant** à un groupe d'artistes italiens parmi lesquels figurent Jannis Kounellis, Giovanni Anselmo, Giuseppe Penone, Mario Merz ou encore Luciano Fabro. Réunis par une volonté commune de s'ancrer dans la réalité, de **développer une culture alternative**, en marge des institutions culturelles et de la société de consommation, ils professent un **art de l'attitude**, utilisent des **matériaux naturels**, dont ils tentent de dégager la présence physique.

Question 144

Qu'est-ce que l'Arte Povera :

A. ce terme désigne des œuvres d'art créées à partir de matériaux de récupération ?

B. il s'agit de l'académie des Beaux-Arts fondée par Mère Thérésa ?

C. l'Arte Povera est le nom d'un mouvement artistique italien de la fin des années 1960 ?

Histoire de l'art

Question 145

Quel artiste a déclaré « *I'd like to be a machine* » (je voudrais être une machine) :

A. Alain Jaquet ?
B. Andy Warhol ?
C. Victor Vasarely ?

Question 146

En quelle année fut peint le Guernica de Pablo Picasso :

A. 1937 ?
B. 1939 ?
C. 1945 ?

Notons que ce terme désigne également un procédé de décoration du mobilier mis au point au 18e siècle en Italie.

Réponse 145

La réponse est B. Cette phrase désormais célèbre a été formulée par Andy Warhol : « La peinture est trop difficile. Les machines ont moins de problèmes. Je voudrais être une machine. Je pense que chacun devrait être une machine. » En **sérialisant les icônes de la société de consommation** (boîtes de soupes Campbell, portraits de stars, billets de banque) par l'intermédiaire de **moyens de reproduction mécanique**s (photographie, sérigraphie), Warhol (1928-1987), que l'on a surnommé le **« Pape du Pop-Art »**, désacralise le rôle de l'artiste et transforme ses œuvres d'art en objets de consommation.

Réponse 146

La réponse est A. Cette œuvre, qui est aussi **la toile la plus célèbre de l'artiste**, est un hommage allégorique à la **destruction de Guernica** en 1937 par les bombardiers nazis. Cet épisode de la **guerre civile espagnole** (1936-1939) qui opposa le régime fasciste de Franco aux républicains gauchistes fut d'une rare violence. Quelques jours plus tard, **Picasso**, d'origine espagnole mais habitant à Paris, réalise une

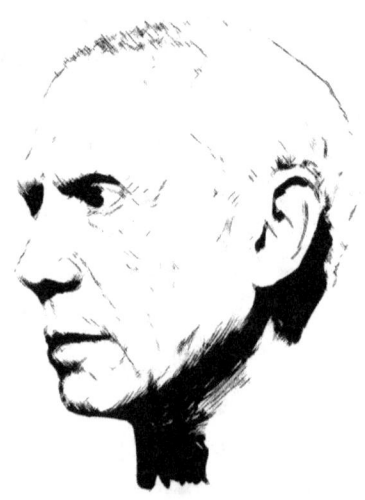

Pablo Picasso

Chapitre 6 : Le 20ᵉ siècle

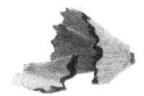

toile monumentale évoquant la tragédie. C'est à propos de cette allégorie qu'il dira : « La peinture n'est pas faite pour décorer les appartements. (...) C'est un instrument de guerre, offensif et défensif, contre l'ennemi. »

Réponse 147

La réponse est B. Commandé par la Reine à Lucian Freud, le petit-fils de Sigmund Freud et l'ami intime de **Francis Bacon**, cette œuvre peu flatteuse, et dès lors fortement controversée, est considérée comme **l'un des plus honnêtes portrait de monarque** jamais réalisés. Ce tableau, qui est aussi le dernier portrait officiel réalisé du vivant de la Reine, fait désormais partie de la **collection royale d'Angleterre**.

Réponse 148

La réponse est A. Héritier lointain du **Pop Art**, cet artiste américain né en 1955 développe une **imagerie kitsch et provocante**, qui, frôlant parfois la vulgarité, se fait le miroir des goûts de la génération des **golden boys**. L'artiste, qui cultive une image médiatique, devient une véritable star dans les années 80. En 1991, il épouse **Ilona Staller**, surnommée La Cicciolina, connue tout à la fois comme actrice de films X et femme politique. Il met en scène

Question 147

Quel artiste contemporain réalisa, en 1991, le portrait de la Reine Elizabeth II d'Angleterre :

A. David Hockney ?

B. Lucian Freud ?

C. Robert Rauschenberg ?

Question 148

Quelle femme célèbre fut, durant trois ans, l'épouse de Jef Koons, l'un des artistes les plus cotés mais aussi les plus controversés à l'heure actuelle :

A. La Cicciolina ?

B. Madonna ?

C. Julia Roberts ?

La panthère rose à prix record

En 1999, une céramique peinte réalisée par Jef Koons a été vendue par Christie's au prix record de 1,8 millions de dollars. La sculpture, qui représente La Cicciolina tenant dans ses bras la panthère rose, témoigne de la volonté de l'artiste à communiquer par l'intermédiaire d'emblèmes populaires : lapins gonflables, effigie de Michael Jackson, bibelots, peluches, etc.

QCM — Histoire de l'art

Question 149

Qui est l'auteur du tableau célèbre intitulé *Ceci n'est pas une pipe* :

A. Salvador Dali ?
B. Max Ernst ?
C. René Magritte ?

Réponse 149

La réponse est C. Cette œuvre, peinte par le surréaliste belge René Magritte (1898-1967) vers 1928 est typique des **jeux de relations** que l'artiste opère entre les mots et les choses. La phrase « Ceci n'est pas une pipe », placée sous la représentation d'une pipe, **bouleverse le rapport entre l'objet** leurs ébats amoureux dans une série de tableaux et sculptures intitulée **Made in Heaven**.

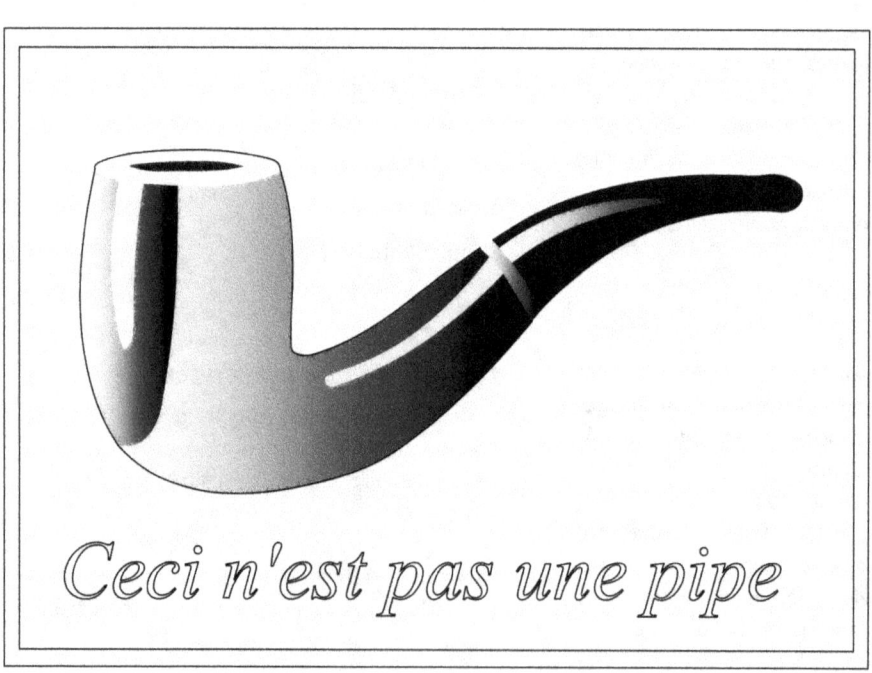

Chapitre 6 : Le 20ᵉ siècle

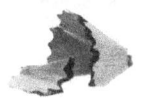

en soi, l'objet représenté et le langage. Ceci n'est pas une pipe, signifie tout à la fois qu'il s'agit de la **représentation** d'une pipe, d'une **phrase**, d'un **tableau**, mais le spectateur ne peut s'empêcher de s'accrocher à l'évidence : il s'agit bien là d'une pipe.

Réponse 150

La réponse est C. *Der Blaue Reiter* est le nom donné par Vassily Kandinsky et Franz Marc à un **recueil-manifeste** publié en 1912 dans lequel les auteurs défendent la **synthèse de tous les arts**. Le groupe, rejoint bientôt par des artistes tels que Paul Klee et August Macke, organise plusieurs expositions où se rejoignent les principales avant-gardes de l'époque. **Influencés par l'expressionnisme allemand**, les membres de ce groupe prônent un langage des formes qui les conduit à la **frontière de l'abstraction**.

Réponse 151

La réponse est B. Artiste américain d'origine bulgare, Christo Javacheff réalise, à partir de 1958, des **emballages d'objets quotidiens**. En collaboration avec sa femme Jeanne-Claude, il effectue ensuite les mêmes opérations à

Question 150

Le groupe allemand *Der Blaue Reiter* (le cavalier bleu), doit son nom à une toile. De la main de quel artiste, qui est aussi fondateur du mouvement, a-t-elle été réalisée :

A. Franz Marc ?
B. Paul Klee ?
C. Vassily Kandinsky ?

Question 151

Quel artiste est connu pour avoir emballé des monuments aux quatre coins du monde ?

A. César ?
B. Christo ?
C. Robert Morris ?

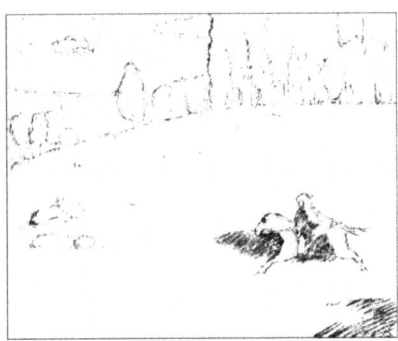

Le cavalier bleu

Histoire de l'art

Question 152

Quel artiste célèbre s'est servi de corps de femmes comme pinceaux vivants :

- A. Andy Warhol ?
- B. Yves Klein ?
- C. Nicky de Saint-Phalle ?

Question 153

Le feutre occupe une place centrale dans l'œuvre de Joseph Beuys (1921 - 1986). Quelle est l'origine de la prédilection de l'artiste pour ce matériau :

- A. le feutre est lié à un traumatisme vécu par l'artiste durant la seconde guerre mondiale ?
- B. le père de Beuys était propriétaire d'une usine de feutre à Krefeld ?
- C. ce matériau est en accord avec les réflexions de l'artiste sur l'antiforme ?

Réponse 152

La réponse est B. C'est en 1960, au cours d'une représentation publique, que l'artiste français — figure centrale du **Nouveau Réalisme** — réalise les premières **Anthropométries**. Après avoir enduit le corps de ses modèles de peinture bleue, il en recueille les empreintes sur une toile. Par la suite, d'autres artistes, tel que **Robert Rauschenberg**, feront du corps le médium même de l'œuvre d'art.

Réponse 153

La réponse est A. En 1943, l'avion de *Joseph Beuys*, pilote dans la Luftwaffe, s'écrase en Crimée. Tombé dans le coma, il est recueilli par des Tartars qui le soignent en l'enveloppant dans de la une échelle titanesque. C'est ainsi qu'il s'empare de fameux monuments dans le monde entier, comme le **Reichstag de Berlin** ou le **Pont-Neuf de Paris**, dont l'empaquetage nécessitera 40 000 m2 de toile. Ces **œuvres éphémères**, apparentées au land-art, soustraient l'objet de son contexte et lui confèrent une aura de mystère.

Chapitre 6 : Le 20ᵉ siècle

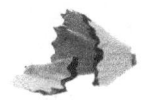

graisse animale et du feutre. Si l'on sait aujourd'hui que cet épisode est une invention de l'artiste, il est toutefois représentatif du mythe que Beuys développa autour de sa personne et de **sa conception « d'art élargi »** qui confère à ses œuvres une **vocation politique et thérapeutique**.

Question 154

Quel artiste est mort au combat durant la guerre 14-18 :

A. Georges Braque ?
B. Franz Marc ?
C. Juan Gris ?

Réponse 154

La réponse est B. La Grande Guerre, qui aura tué huit millions de personnes, touche aussi les artistes qui sont **mobilisés** ou **s'engagent volontairement**. Parmi eux, Boccioni, Braque, Masson, Léger, Derain, Kokoschka ou Dix. Certains sont blessés, d'autres perdent la vie, comme Franz Marc, qui succombe à Verdun. **L'Europe sort traumatisée de cette guerre** et traverse une crise morale qui participera au développement de nombreux courants artistiques qui **contestent l'ordre établi** ayant mené à l'horreur. C'est par exemple le cas de **Dada** et du **Surréalisme**.

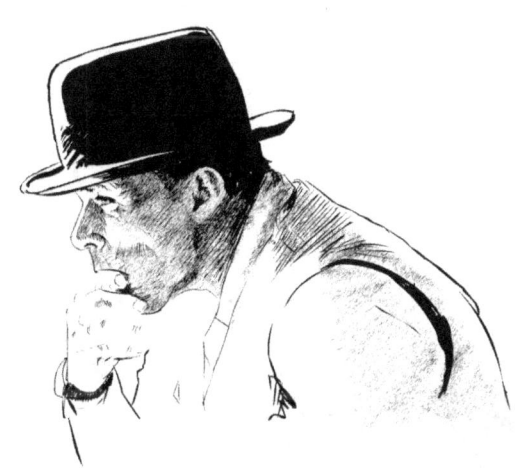

Joseph Beuys

Histoire de l'art

Question 155

Quel peintre américain a créé l'œuvre intitulée *Wham*, et qui reproduit une case de bande-dessinée en grand format :

A. Jasper Johns ?
B. Roy Lichtenstein ?
C. Mark Rotkho ?

Réponse 155

La réponse est B. Cette toile, datée de 1963, est l'œuvre de Roy Lichtenstein. L'artiste, toujours vivant à l'heure actuelle, fut l'un des **principaux représentants du Pop Art américain**, aux côtés d'Andy **Warhol**, Claes **Oldenburg** ou Tom **Wesselmann**. Comme eux, il **détourne des objets du quotidien** pour en faire les symboles de la culture populaire.

Son choix se porte notamment sur les **Comic's**, objets consommables, jetables, dont il extrait des échantillons pour les transformer en objets d'art, icônes de la société de consommation.

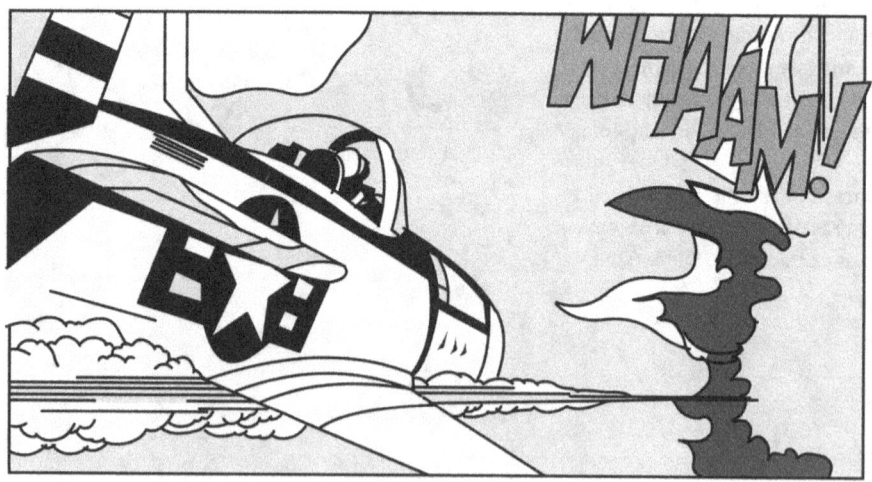

Wham

Chapitre 6 : Le 20ᵉ siècle

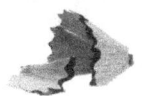

Réponse 156

La réponse est C. Niki de Saint-Phalle, qui rejoint les **Nouveaux Réalistes** dans les années 1960, annonce avec sa première série de Nanas le thème qu'elle développera, parfois de façon provocante, durant toute sa vie ; celui de la **femme**, de la **maternité**, et du **rapport entre féminin et masculin**. Violée par son père à l'âge de douze ans, l'artiste, qui souffre au début de sa carrière de nombreuses dépressions, trouve dans son travail un moyen de se venger, puis de se réconcilier avec son passé.

Réponse 157

La réponse est B. Considérée comme la réalisation la plus ambitieuse et extraordinaire de l'architecte catalan, l'église de la Sagrada Familia — surnommée **« cathédrale des pauvres »** — fut le projet le plus cher au cœur de Gaudi, qui installa son atelier sur le chantier, et mourut en laissant l'édifice inachevé. Entamée en 1884, l'église est une parfaite représentation du style de l'architecte-designer et de ses diverses sources d'inspiration : l'**architecture orientale, gothique et baroque**, et les **emprunts à la nature** qui confèrent à ses édifices un aspect organique. L'église est aujourd'hui le **symbole de Barcelone**.

Question 156

Quelle artiste, mariée à Jean Tinguely et décédée en 2002, fut célèbre pour ses séries de *Nanas*, sculptures féminines bigarrées aux formes voluptueuses :

A. Annette Messager ?
B. Heva Hesse ?
C. Niki de Saint-Phalle ?

Question 157

Quel est l'architecte de la Sagrada Familia, l'Église de la Sainte-Famille de Barcelone :

A. Le Corbusier ?
B. Antonio Gaudi ?
C. Michel Meyer ?

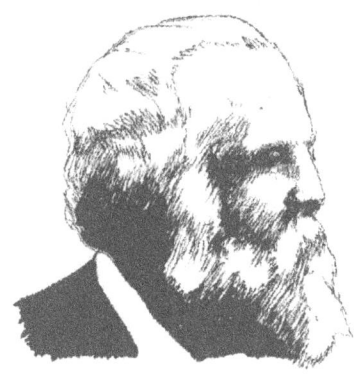

Antonio Gaudi

Histoire de l'art

Question 158

En quelle année Pablo Picasso réalise-t-il ses *Demoiselles d'Avignon* :

A. 1907 ?
B. 1912 ?
C. 1946 ?

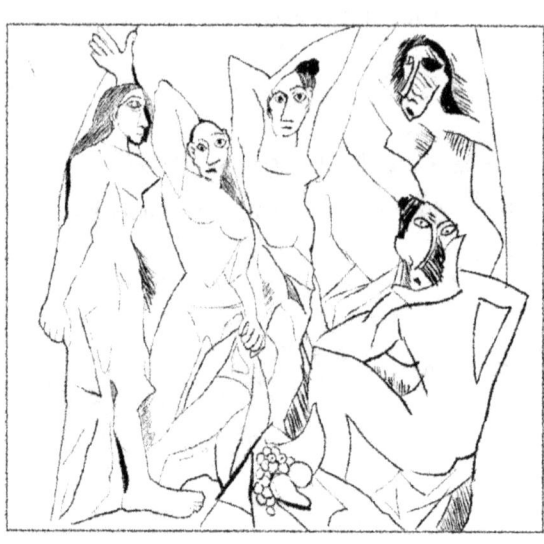

Picasso, Les Demoiselles d'Avignon

Réponse 158

La réponse est A. En 1906, année de la mort de Cézanne, Picasso, au sortir de sa « période rose », entame une œuvre mettant en scène des figures monumentales, et qu'il entend représenter en tirant parti des expériences picturales de **Cézanne** et de sa découverte de l'**art africain**, deux références qui se caractérisent par une remise en cause de la perspective traditionnelle et une **décomposition formelle en volumes géométriques**. Achevée l'année suivante, l'œuvre, intitulée originellement *Le bordel philosophique*, marque l'**avènement du Cubisme**.

Chapitre 6 : Le 20ᵉ siècle

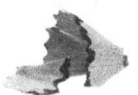

Réponse 159

La réponse est B. Architecte et designer hollandais, Rietveld aurait commencé, dit-on, à créer des meubles dès l'âge de douze ans. En 1918, il adhère au mouvement **De Stijl** et réalise ce siège qui incarne les **théories du néoplasticisme développées par Mondrian et Van Doesburg** : utilisation de **volumes géométriques simples** et fonctionnels, réduction de la couleur aux **teintes primaires**. Ces idées, rationalisées à l'extrême, Rietveld les transposera dans l'architecture lorsqu'il dessine la maison Schröder d'Utrecht, en 1924.

Question 159

Quel designer a dessiné le célèbre *Fauteuil rouge et bleu* :

A. Piet Mondrian ?
B. Gerrit Thomas Rietveld ?
C. Théo Van Doesburg ?

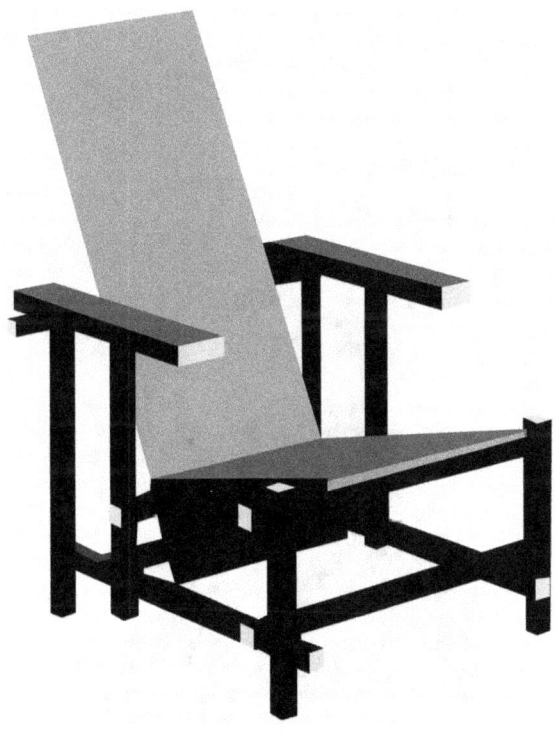

Fauteuil rouge et bleu

Histoire de l'art

Question 160

Quel sculpteur français réalisa des « compressions » à partir de carcasses de voitures :

A. Arman ?
B. Jean Tinguely ?
C. César ?

Question 161

Qui est l'inventeur du « ready-made » :

A. Robert Rauschenberg ?
B. Andy Warhol ?
C. Marcel Duchamp ?

Réponse 160

La réponse est C. César (1921-1998), connu pour avoir sculpté le **trophée du 7e art** qui porte son nom, réalise dans les années soixante des **compressions d'automobiles** à l'aide d'une presse hydraulique. L'emploi de matériaux de récupération, le refus de participer directement au processus créatif et l'**introduction du hasard dans la fabrication** de l'œuvre rapprochent inévitablement César des **Nouveaux Réalistes**. À cette première série répondront, cinq ans plus tard, les **expansions de polystyrène**, qui témoignent d'une même démarche créative, aléatoire et automatique.

Réponse 161

La réponse est C. Le terme « ready-made », inventé par Duchamp lui-même, désigne des **œuvres « toutes faites »**. L'artiste s'empare d'objets ordinaires, dépourvus de toute connotation esthétique, telle une **roue de bicyclette** (1913), ou un **urinoir** (1915), qu'il expose tels quels. Ce faisant, il **remet en cause les notions fondamentales d'esthétique et de création** manuelle pour faire dépendre l'œuvre d'art

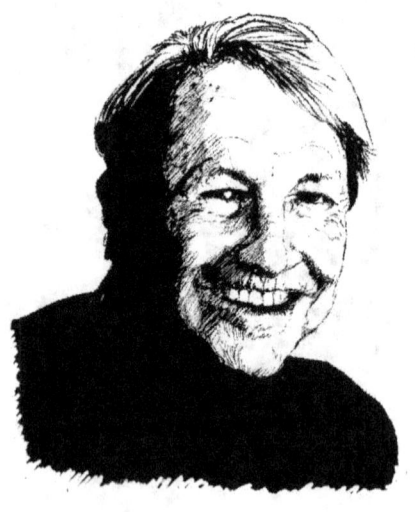

Robert Rauschenberg

Chapitre 6 : Le 20ᵉ siècle

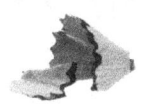

d'un choix arbitraire opéré par l'artiste. Cet acte provocateur va considérablement marquer l'art de la seconde moitié du vingtième siècle.

Réponse 162

La réponse est C. Dès 1937, les nazis organisent des expositions « d'art dégénéré » (*Entartete kunst*, selon les termes de Goebels) qui réunissent des toiles expressionnistes, considérées comme **subversives et décadentes**, signes de la **désagrégation de la culture allemande**. Ces œuvres, évacuées des musées, sont détruites (près de 5 000) ou vendues, et de nombreux artistes, comme Nolde, Beckmann, Chagall et Kokoschka, sont **contraints à l'exil** ou se voient interdire toute pratique artistique.

Réponse 163

La réponse est B. En 1959, les **Poubelles**, ensembles de déchets enfermés dans du plexiglas, annoncent les accumulations d'Arman. Les objets choisis sont d'abord **simplement entassés** (dentiers, peignes, capsules) **puis manipulés avec violence** : « colère », « coupes », et « combustions ». Figés dans la résine ou

Question 162

L'appellation « d' art dégénéré » a été employée par les nazis pour désigner :

A. l'art des aliénés ?
B. l'art juif ?
C. l'art Moderne ?

Question 163

Quel artiste franco-américain a réalisé, dans le tournant des années cinquante, des « accumulations » d'objets quotidiens :

A. Yves Klein ?
B. Arman ?
C. César ?

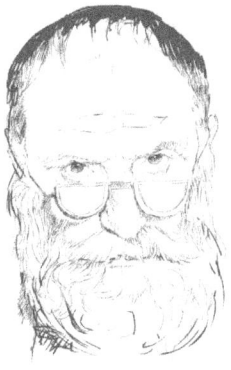

César

Histoire de l'art

Question 164

La photographe Cindy Shermann est réputée pour :

- A. ses autoportraits ?
- B. ses photographies de mode ?
- C. ses polaroïds ?

Question 165

À l'âge de vingt ans, Pablo Picasso entre dans sa « période bleue ». Quel événement est à l'origine de cette production d'œuvres monochromatiques qui s'étendra sur quatre années :

- A. le suicide d'un ami ?
- B. la découverte de la *Nuit étoilée* de Van Gogh ?
- C. la possession de l'unique boîte de couleurs bleues qui lui a été offerte par son père ?

La « période bleue » de Picasso

Au début de sa carrière, Picasso faisait montre d'une maîtrise technique impeccable. Durant sa « période bleue », il préparait ses tableaux avec une couche à base de blanc de plomb et utilisait principalement deux pigments : le bleu de cobalt et le bleu de Prusse, ce dernier étant obtenu à partir de pigments très purs, broyés en Espagne. Une fois révélés par les méthodes d'analyses scientifiques, ces couleurs permettent d'authentifier avec certitude les œuvres de l'artiste.

dans une vitrine de plexiglas, ils forment une sorte de **miroir de la société de consommation**. Démultipliés et organisés, ils quittent le domaine utilitaire pour devenir **objets de contemplation**.

Réponse 164

La réponse est A. Cet artiste, qui **a donné à la photographie ses lettres de noblesse** dans le champ de la création artistique contemporaine, n'a cessé, depuis la fin des années 1970, de se mettre en scène et de se travestir en empruntant des identités fictives au monde du quotidien, de l'art, du cinéma, ou en les puisant dans ses propres fantasmes. Son travail constitue tout à la fois une **quête identitaire** et une **réflexion sur le statut et l'image de la femme** dans notre société.

Réponse 165

La réponse est A. En 1901, le suicide de Carlos Casagemas, qui a accompagné Picasso à Paris, plonge l'artiste dans une profonde nostalgie qui se traduira dans ses œuvres par l'**emploi de tons bleutés et de thèmes évoquant la misère et la mort**. La *Chambre bleue* inaugure cette période qui culmine avec *La vie* (1903), hom-

Chapitre 6 : Le 20ᵉ siècle

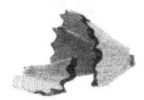

mage à son ami disparu. Entre 1905 et 1906, Picasso renouvelle sa palette avec les monochromes de sa « **période rose** » (1905-1906) qui mettent en scène arlequins et saltimbanques.

Réponse 166

La réponse est B. Kandinsky, peintre, professeur et théoricien russe né en 1866 réalise d'abord des **toiles aux sujets symboliques**, dans lesquelles il poursuit les **recherches chromatiques** inaugurées par les fauves. À partir de 1909, les objets qu'il représente **tendent à perdre leur identité, pour devenir de simples taches de couleurs** agencées selon un principe de « nécessité intérieure », et touchent l'abstraction avec ses Improvisations puis sa **première aquarelle abstraite en 1910**. Cette recherche sur les accords formels et chromatiques qui l'amène à l'abstraction lyrique est formalisée dans son ouvrage intitulé *Du spirituel dans l'art* qui paraît en 1912.

Question 166

Quel est l'artiste considéré comme le père de l'art abstrait :

A. Piet Mondrian ?
B. Vassily Kandinsky ?
C. Robert Delaunay ?

Le Corbusier :
Cinq points d'une architecture nouvelle

De son vrai nom Charles Édouard Janneret, Le Corbusier (1887-1965) est l'un des plus grands architectes du 20ᵉ siècle. Dès le début de sa carrière, il défend un « Esprit Nouveau » qui prône une architecture de masse, fonctionnelle et rationnelle. En 1927, il expose ses « Cinq points d'une architecture nouvelle » :

• Plan libre (le béton armé libère les murs de leur rôle porteur).

• Façade libre (piliers et fenêtres permettent à la façade de s'ouvrir).

• Pilotis (la maison quitte le sol et le jardin s'étend par dessous).

• Toit-terrasse (le toit est une surface habitable).

• Fenêtre en bandeau (la lumière est primordiale).

Histoire de l'art

Question 167

Gaudi fut l'inventeur d'un nouveau type de courbes qu'il appliqua aux voûtes. Quelle est la particularité de celles-ci :

A. elles ont une structure en mosaïque ?
B. elles sont inclinées ?
C. elles ont une forme parabolique ?

Question 168

Quel artiste fut le principal collaborateur de Picasso dans ses recherches cubistes :

A. Fernand Léger ?
B. Juan Gris ?
C. Georges Braque ?

Réponse 167

La réponse est C. L'architecte catalan Antonio **Gaudi** (1852-1926) fit intuitivement la découverte du **principe de « réversion de la chaîne »** selon lequel une chaîne suspendue entre deux points adopte une forme qui **optimise naturellement les poussées**. Il renversa cette courbe pour l'appliquer aux voûtes, dans des réalisations célèbres aussi fameuses que le **palais Güell** ou la Pedrera. Gaudi ne calculait pas ces courbes, mais il les dessinait en suivant le profil d'une chaîne ou un linge suspendu entre deux montants.

Réponse 168

La réponse est C. Entre 1908 et 1914, Braque (1882-1963), qui vient de s'attirer les foudres de la critique en **exposant des paysages inspirés par Cézann**e, mène un dialogue artistique incessant avec **Picasso**. Les deux artistes multiplient les points de vue et **font éclater leurs sujets** (portraits et natures mortes) au point de les rendre méconnaissables. À cette période dite « **analytique** » succède le cubisme « **synthétique** ». La simplification des formes et l'utilisation d'objets tels que papiers journaux et faux bois garantissent la réapparition du réel dans

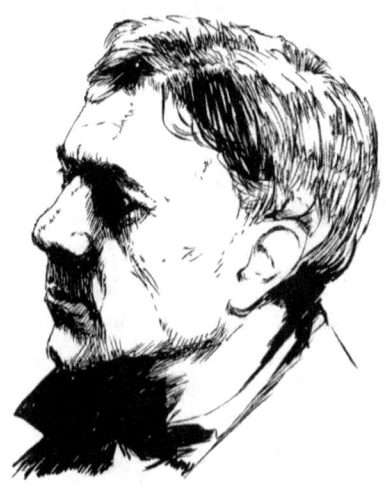

Georges Braque

Chapitre 6 : Le 20ᵉ siècle

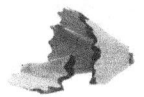

l'œuvre, mais la rupture avec **la peinture illusionniste est définitive**. Les deux hommes, rejoints bientôt par d'autres artistes, ont jeté les bases d'un des mouvements artistiques les plus importants du vingtième siècle.

Réponse 169

La réponse est B. Lors du **Salon d'automne de 1905** où exposent des artistes tels que Derain, Matisse, Vlaminck et Van Dongen, le critique **Louis Vauxelles** s'écrie, à propos d'une statuette de Marquet : « C'est Donatello parmi les fauves ». Cette allusion, qu'il renouvelle dans sa description de la *Femme au chapeau* de Matisse, va donner son nom à ce groupe d'artistes qui **prônent l'autonomie de la couleur** et une **vision de la réalité plus émotive que rationnelle**, au travers de cette quête artistique que l'on surnommera « l'épreuve du feu ».

Question 169

Lequel des mots suivants est à l'origine du terme « Fauvisme » :

A. feu ?
B. fauve ?
C. faux ?

Question 170

Le « style international » est un mouvement architectural influencé par les recherches de Josef Albers, Le Corbusier, Mies van der Rohe, ou encore Walter Gropius. Dans quel grand courant artistique peut-on le classer :

A. art nouveau ?
B. modernisme ?
C. post-modernisme ?

Réponse 170

La réponse est B. En 1932, un ouvrage intitulé « **The International Style** » expose les principes de l'architecture moderne, issus notamment des **recherches du Bauhaus** : affirmation des structures formelles, refus de l'ornementation, absence de références historiques, **implication de l'architecture dans**

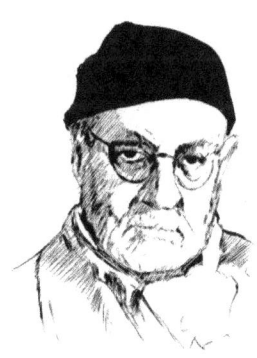

Henri Matisse

Histoire de l'art

Question 171

En 1961, l'artiste Piero Manzoni met en vente une série de 90 boîtes à conserve pour une somme équivalente à leur poids en or. Que contiennent ces récipients :

A. de la purée de tomates ?
B. des excréments ?
C. les cendres de ses œuvres antérieures qu'il a fait brûler ?

Question 172

Quel événement a convaincu Vassily Kandinsky de renoncer à la représentation de l'objet et à franchir le cap de l'abstraction :

A. l'accroissement de sa myopie ?
B. la vision tronquée d'une de ses propres toiles ?
C. la redécouverte de ses dessins d'enfant ?

la question sociale. Devenu symbole de la modernité, le « style international » va dominer l'architecture occidentale jusqu'à la fin des années 1960, moment où son rigorisme sera remis en question.

Réponse 171

La réponse est B. Acquise en 1992 par la **Tate Gallery de Londres** pour une **somme plus de cent fois supérieure au prix initial**, l'œuvre témoigne de l'**esprit de provocation** qui a toujours animé cet artiste italien mort en 1963, à l'âge de vingt ans. Depuis ses « achromes », simples objets blancs qui ne portent aucune trace d'intervention, jusqu'aux performances au cours desquelles il signe le corps de femmes nues, en passant par le « socle du monde », un socle de statue renversé sur le sol, **Manzoni** n'a cessé de **remettre en question l'art et le statut de l'artiste**.

Réponse 172

La réponse est B. Selon les propres dires de l'artiste, l'événement qui contribua à lui faire abandonner la figuration fut l'**émotion** qu'il ressentit, un soir, en apercevant l'un de ses tableaux posé à l'envers dans la pénombre. Ce dernier lui semblait

Chapitre 6 : Le 20ᵉ siècle

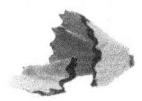

totalement étranger et **il ne pouvait en reconnaître le sujet**. Le lendemain, face à cette toile, il ne parvient plus à retrouver cette étrange impression qui lui était suggérée par de **simples taches de couleur**. Il comprend alors que **l'objet nuit à ses tableaux**.

Réponse 173

La réponse est C. En 1937, l'architecte américain **Frank Lloyd Wright** (1943-1959) est chargé, à la demande du collectionneur Solomon R. Guggenheim, d'édifier un musée pour accueillir ses **collections d'art moderne**. La forme imaginée par l'architecte, une spirale de béton, rompt par son **caractère organique** avec l'architecture rationnelle en vogue à l'époque. Mais le bâtiment constitue aussi une **révolution muséographique** : sa structure en colimaçon amène le spectateur à suivre une trajectoire linéaire et continue tout au long de sa progression.

Question 173

Quel nom porte le musée d'art moderne construit par Frank Lloyd Wright à New York :

A. le Metropolitan Museum ?
B. la galerie des Offices ?
C. le Guggenheim museum ?

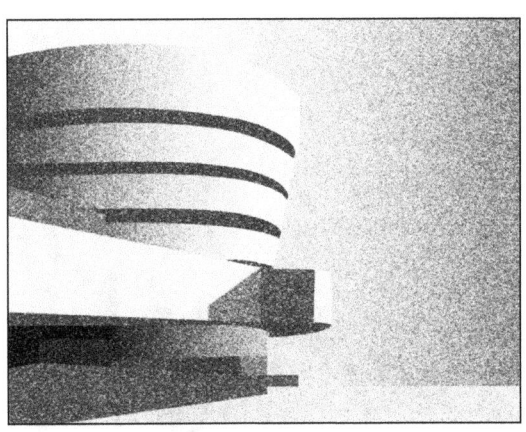

Le musée Guggenheim à New York

Histoire de l'art

Question 174

Quelle est la couleur du pigment breveté par Yves Klein en 1956 sous le nom d'IKB :

A. bleu ?
B. blanc ?
C. rouge ?

Question 175

Qui a peint les « montres molles » :

A. Max Ernst ?
B. Francis Bacon ?
C. Salvador Dali ?

Réponse 174

La réponse est A. Après avoir réalisé plusieurs séries de peintures monochromes, **Yves Klein** (1928-1962), **membre du groupe des Nouveaux réalistes**, invente *l'International Klein Blue*, un bleu outremer poudreux d'une **rare intensité**, qui inaugure sa « période bleue ». Ce pigment qui recouvre tableaux et objets ou qui est exposé à l'état pur, **devient la marque de l'artiste**. Il participe, dans un contexte quasi mystique, à la **dématérialisation de l'œuvre d'art**.

Réponse 175

La réponse est C. Peintre surréaliste, Dali s'inspire des **théories psychanalytiques** de Freud et des idées d'**André Breton** pour élaborer une méthode de création personnelle, la « paranoïa-critique », qui consiste à **puiser des motifs iconographiques dans l'inconscient**. Son œuvre **onirique**, caractérisée par un illusionnisme virtuose, se charge alors de **motifs symboliques**. Formes molles et êtres hybrides peuplent un univers en liquéfaction qui **reflète les obsessions de l'artiste** : castration, décomposition, impotence ou voyeurisme.

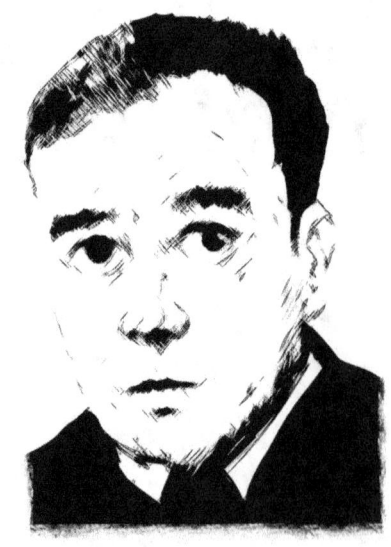

Yves Klein

Chapitre 6 : Le 20ᵉ siècle

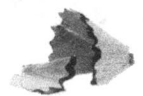

Réponse 176

La réponse est A. La famille **Duchamp**, qui appartient à la bourgeoisie provinciale compte sept enfants, parmi lesquels trois deviendront des artistes : Marcel Duchamp, ses frères Gaston (alias Jacques Villon) et Raymond Duchamp-Villon, respectivement peintre et sculpteur. Ces derniers **se lanceront avec succès dans l'aventure cubiste**, et exposeront notamment à la **Section d'or** en 1912, aux côtés de Frantisek Kupka, Fernand Léger et Francis Picabia.

Réponse 177

La réponse est C. Les photographies de Serrano (né en 1950 à New-York) explorent les **grands thèmes de la société actuelle** (la mort, la drogue et le sexe, le racisme, etc.) au travers d'images souvent choquantes (photographies de cadavres, de fluides corporels, de pratiques sexuelles) mais qui, par leur **esthétisme**, engendrent une certaine fascination. Son œuvre, teintée de **références à la religion catholique** et à l'histoire de l'art, entretient une dialectique permanente entre sacré et profane.

Question 176

Quel artiste peintre fut aussi le frère de Marcel Duchamp :

A. Jacques Villon ?
B. Christian Tzara ?
C. Raoul Haussmann ?

Question 177

Quel artiste contemporain, très controversé et interdit d'exposition dans certaines villes des États-Unis, a réalisé une série de prises de vues à la morgue :

A. Damien Hirst ?
B. Jeff Koons ?
C. Andres Serrano ?

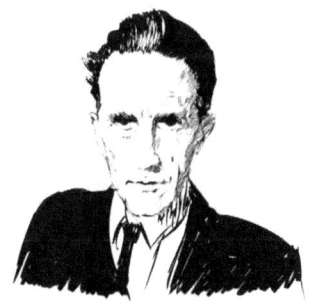

Marcel Duchamp

Histoire de l'art

Question 178

Quelle est la particularité de l'œuvre de Victor Vasarely :

A. les effets d'optique ?
B. les peintures sur verre ?
C. l'emploi de matériaux périssables ?

Question 179

À propos de quel artiste membre de la Sécession viennoise parle-t-on de « période dorée » :

A. Egon Schiele ?
B. Gustav Klimt ?
C. Oscar Kokoschka ?

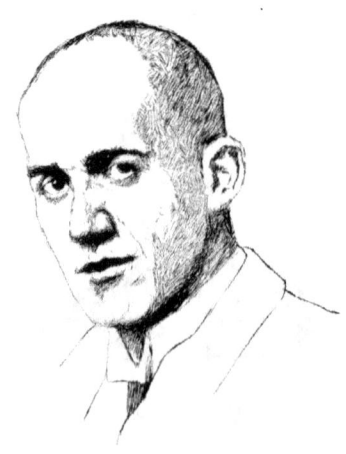

Oscar Kokoschka

Réponse 178

La réponse est A. Peintre français d'origine hongroise, Vasarely (1908-1997) travaille dans le domaine de la publicité, avant de publier, en 1955, « le Manifeste jaune » qui **jette les bases de l'op art** (art optique). À la fin des années 1960, il produit en série des **sérigraphies abstraites** qui, en se basant sur la répétition de motifs géométriques, les perspectives réversibles et les illusions d'optique, créent une **illusion de mouvement** dont les intentions s'apparentent à celles de la sculpture cinétique.

Réponse 179

La réponse est B. Co-fondateur du mouvement de la **Sécession viennoise**, Gustav Klimt (1862-1918) est profondément **influencé par l'art japonais et byzantin** (mosaïques de Ravennes). Il tire de cette dernière source d'inspiration un goût pour le **hiératisme** des figures et les fonds dorés, qu'il traite de façon décorative dans ses **compositions symbolistes**. Les motifs abstraits qui composent ces fonds contrastent avec le réalisme des personnages situés au premier plan (cf. Le Baiser, 1907-1908). En 1910, son départ en Italie marque la fin de la « période dorée » de l'artiste qui se tourne vers la **peinture de paysage**.

Chapitre 6 : Le 20ᵉ siècle

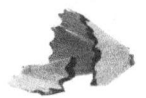

Réponse 180

La réponse est C. Cette **toile d'inspiration cubiste** est peinte par Duchamp en 1912 et exposée l'année suivante à New York. L'œuvre choque le public. Non seulement parce qu'elle fait une entorse à la **tradition du nu couché**, mais aussi parce que le sujet est difficilement reconnaissable.

Duchamp, probablement inspiré par les **planches photographiques de Muybridge et Maret**, décompose le mouvement en étapes successives, qui, superposées les unes aux autres et traitées par lignes et plans de couleurs, adoptent une **allure mécanique**. Le scandale porte Duchamp au devant de la scène artistique, et l'œuvre sera considérée comme l'un des **symboles majeurs de l'art moderne**.

Question 180

Qui a peint le *Nu descendant l'escalier* :

A. Gerhard Richter ?
B. Georges Braque ?
C. Marcel Duchamp ?

Question 181

Quel est le point commun entre Michel Basquiat (1960-1988) et Keith Haring (1958-1990) :

A. ils sont connus pour leurs « graffitis » ?
B. ils ont réalisé des œuvres en collaboration avec Andy Warhol ?
C. ils ont appartenu au mouvement Dada ?

Réponse 181

La réponse est A. À la fin des années 1970 plusieurs artistes, **imprégnés de culture urbaine**, descendent dans la rue, réalisent des graffitis dans les bouches de métro, sur les murs et les panneaux publicitaires. Les motifs qu'ils utilisent, souvent inspirés des **arts primitifs**, sont autant de symboles qui font référence à la **culture Pop**, et à la société de consommation. Ces artistes contestataires, bientôt soutenus

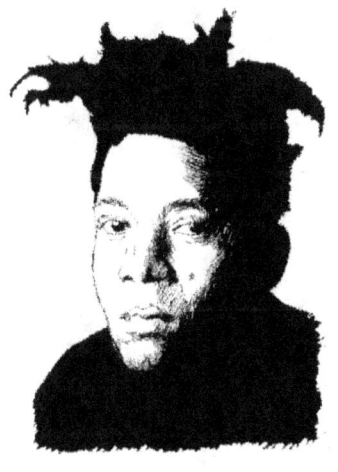

Michel Basquiat

Histoire de l'art

Question 182

Le constructivisme est un mouvement d'origine :

A. française ?
B. américaine ?
C. russe ?

Question 183

Qui a formulé ces propos : « Si ce sont les plumes qui font le plumage, ce n'est pas la colle qui fait le collage » :

A. Max Ernst ?
B. Salvador Dali ?
C. Robert Rauschenberg ?

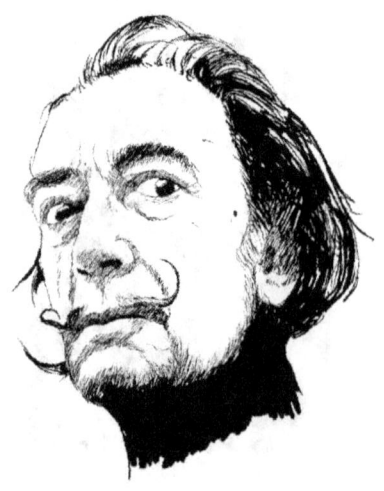

Salvador Dali

Réponse 182

La réponse est C. Le constructivisme apparaît en Russie à la fin des années 1910 avec les recherches de Tatline, Lissitzky et Rodtchenko. En 1912, le **Manifeste constructiviste**, publié par Gabo et Pevsner, expose les théories constructivistes, qui, **marquées par les idées cubistes et futuristes**, tendent à **débarrasser l'art de toute préoccupation esthétique** pour le placer au service de la société. L'objet « construit », **utilitaire et fonctionnel**, se substitue à l'œuvre d'art et s'applique à tous les domaines de la société : architecture, mode, design, etc. La diffusion du constructivisme en Europe influencera profondément les avant-gardes (*Bauhaus* et *De Stijl* notamment).

par les galeristes New-Yorkais, sont regroupés sous l'appellation de « graffitistes » ou de « **Bad Painting** » (mauvaise peinture).

Réponse 183

La réponse est A. Après avoir fréquenté différentes avant-gardes européennes, Max Ernst (1891-1976) rejoint le mouvement Dada en 1919. C'est alors qu'il crée ses **premiers collages** (les Fatagagas), une pratique qu'il perpétue dans les romans-collages de sa période surréalistes. Si les premiers collages sont introduit dans le

Chapitre 6 : Le 20ᵉ siècle

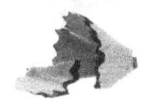

champ de la création artistique par les cubistes, c'est avec Dada — qui y voit un **moyen de désacraliser le geste créateur** — puis avec les surréalistes — qui apprécient l'incongruité produite par la mise en rapport d'images disparates - qu'il **devient un mode d'expression à part entière**.

Réponse 184

La réponse est C. Construit pour l'Exposition universelle de 1958, l'Atomium est une **structure métallique** composée de neuf boules de 18 mètres de diamètre reliées par des **tubes d'acier**. Ce monument de **102 mètres de hauteur** représente une molécule de fer grossie 165 milliards de fois, et évoque la sidérurgie, fer de lance de l'industrie belge. Mais les neuf boules sont aussi l'évocation des neuf provinces que compte la Belgique à l'époque.

Réponse 185

La réponse est B. Artiste précoce, influencé d'abord par Gustav Klimt et la Sécession viennoise (Art Nouveau), Egon Schiele (1890-1918) peint des nus au **graphisme nerveux et tourmenté**, souvent teintés d'une **mélancolie morbide**, qui le rattachent au courant expressionniste. Suite à une affaire de mœurs, il est accusé de diffuser

Question 184

Que symbolisent les neufs boules de l'Atomium de Bruxelles ?

A. les planètes du système solaire ?
B. les communes de Bruxelles ?
C. une molécule de fer ?

Question 185

Pour quelle raison Egon Schiele fut-il emprisonné en 1912 :

A. à cause d'un portrait peu flatteur de l'empereur François-Joseph ?
B. parce que sa peinture avait été jugée pornographique ?
C. sa situation miséreuse l'avait poussé à voler ?

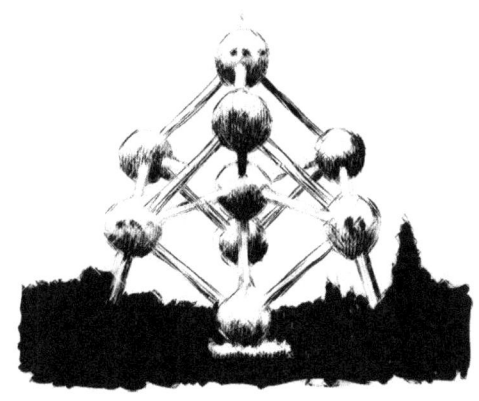

L'Atomium

Histoire de l'art

Question 186

Quel est l'auteur de cette sculpture :

A. Adolf von Hildebrand ?
B. Henry Moore ?
C. Alberto Giacometti ?

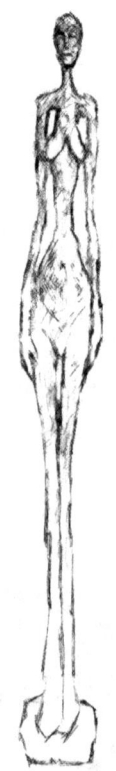

Grande femme IV, 1960

des dessins immoraux, fait un bref séjour en prison où il écrit : **« Faire obstacle à l'artiste est un crime »**. Durant les années suivantes, ses œuvres s'apaisent peu à peu, et l'artiste connaît un bref succès jusqu'à sa mort, à l'âge de 28 ans.

Réponse 186

La réponse est C. D'abord **influencée par les arts primitifs puis par les surréalistes**, Alberto Giacometti (1901-1966) développe à partir des années 1940 un style personnel. Dans ses sculptures, ses dessins puis ses peintures, il **tente de capter la figure humaine** qui toujours lui échappe et **s'isole dans l'espace**. « Quand je regarde une femme », dit-il « je la vois toute petite, c'est l'émerveillement du petit personnage qui marche dans l'espace et, alors, la voyant plus petite, mon champ visuel est devenu beaucoup plus vaste. Je vois un énorme espace au-dessus et autour, qui est presque illimité ». C'est pour traduire ce **rapport entre les objets et l'espace** qui les entoure que Giacometti crée ces **formes élancées**, aux contours indéfinis. Comme l'écrit Yves Bonnefoy : « Du corps humain, Giacometti ne garde que l'armature ».

Chapitre 7

À travers les âges

Réponse 187

La réponse est C. Évangéliste et martyr du premier siècle de notre ère, saint Luc passe pour avoir **peint plusieurs portraits de la Vierge**, dont l'un serait conservé dans l'église Sainte-Marie-Majeure de Rome. Dès le 15e siècle, Luc est le **patron de la guilde des peintres**. Le thème de saint Luc peignant la Vierge se multiplie dans l'art Occidental (Roger Van der Weyden, Raphael) et la **palette de peintre** devient l'un des attributs du saint.

Réponse 188

La réponse est B. Une ronde-bosse est une sculpture développée dans les trois dimensions, isolée de toute surface, autour de laquelle on peut donc tourner. **La statue est une ronde-bosse par excellence.** On l'oppose habituellement au bas- et haut-relief, le plus souvent sculptés dans une paroi. Tandis que le bas-relief ne présente que de faibles saillies, le haut-relief se détache fortement du fond, sans toutefois s'en désolidariser complètement.

Réponse 189

La réponse est B. Le terme tempera ou détrempe est dérivé du mot

Question 187

Qui est le saint patron des peintres :

A. sainte Véronique ?
B. saint Georges ?
C. saint Luc ?

Question 188

En sculpture, que désigne une ronde-bosse :

A. une âme en bois utilisée dans la construction des arcs en plein-cintre ?
B. une figure en trois dimensions ?
C. un appareillage de pierre à bossage bombé ?

Question 189

Qu'est-ce que la tempera :

A. une peinture exécutée sur un enduis frais ?
B. une peinture composée d'un liant à base d'œuf ?
C. une peinture à base de cire d'abeille, réalisée à chaud ?

Histoire de l'art

Question 190

À qui a t-on attribué l'invention de la peinture à l'huile :

A. Jean Van Eyck ?
B. Michel-Ange ?
C. Archimède ?

L'introduction de la peinture à l'huile en Italie

Bien que le procédé semble connu en Italie depuis les années 1390, c'est Antonello da Messina (1430-1479), artiste sicilien formé à l'école flamande, qui aurait véritablement diffusé le procédé dans l'Italie du Nord. Antonello fait la synthèse entre l'observation minutieuse des maîtres flamands et l'étude atmosphérique chère aux peintres italiens. Il aurait fortement influencé Bellini, à qui l'on attribue l'invention du paysage moderne.

---

latin **temperare** : délayer, mélanger. Il s'agit d'un procédé pictural mêlant des pigments délayés à l'eau avec de l'œuf. Les peintures à tempera se distinguent par la **dureté de la couche picturale** et la stabilité des coloris. Très en vogue durant le Moyen Âge, la tempera **sera supplantée par la peinture à l'huile**, d'un éclat bien supérieur, dans le courant du 15e siècle.

Réponse 190

La réponse est A. Dans le tournant des 14e et 15e siècles, le procédé de la peinture à l'huile se développe en Europe du Nord. Il se caractérise par l'emploi d'un **liant à base d'huile siccative** et offre des possibilités nouvelles qui **poussent la peinture vers plus de réalisme**. Par sa viscosité, la peinture à l'huile rend possible les **jeux de modelé**, indispensables pour créer **l'illusion de profondeur**. Parce que son temps de séchage est très lent, l'artiste peut travailler avec plus de précision et revenir constamment sur son travail. Enfin, la transparence des couleurs et la réflexion de la lumière confèrent aux couches picturales une **luminosité inégalée**. Si le procédé est connu au moins depuis le 12e siècle, les Primitifs Flamands, et principale-

Chapitre 7 : À travers les âges

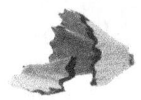

ment Jean Van Eyck (v. 1390-1441), lui apportèrent les perfectionnements qui en firent une technique picturale à part entière.

Réponse 191

La réponse est C. Hans Van Meegeren fut l'un des plus grands faussaires de l'histoire. Dès 1937, il fait connaître plusieurs faux tableaux du Maître réalisés de sa main. Expertisées, ces œuvres sont **acquises à grand prix par les musées et les collectionneurs**, parmi lesquels figure le nazi Hermann Goering. Au sortir de la guerre, Van Meegeren est emprisonné pour collaboration. Effrayé, il dévoile la supercherie dans l'espoir d'être libéré. Mais cet aveu suscite l'incrédulité et l'on oblige le prisonnier à peindre une toile à la manière de Vermeer. Non convaincus, les juges condamnent Van Meegeren qui mourra en prison. **Il faudra attendre 1958** pour que des examens de laboratoire attestent le caractère non authentique des œuvres vendues par le faussaire.

Réponse 192

La réponse est B. Si le nom d'Art Nouveau a fini par s'imposer, ce mouvement artistique qui s'est répandu au travers de toute

Question 191

Quel est le nom du faussaire qui vendit plusieurs prétendus Vermeer entre 1937 et 1943 :

A. Otto Wacker ?
B. Clement Greenberg ?
C. Hans Van Meegeren ?

Question 192

Qu'a-t-on surnommé de style nouille :

A. l'Art déco ?
B. l'Art Nouveau ?
C. l'Art baroque ?

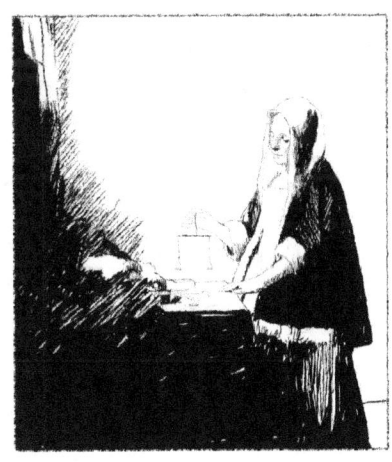

La femme à la balance, Johannes Vermeer

141

Histoire de l'art

Question 193

Que désigne l'expression « un violon d'Ingres » :

A. un hobby que l'on exerce avec talent ?
B. une femme à l'allure élégante ?
C. un piètre musicien ?

l'Europe durant la Belle Époque a connu de **nombreuses autres dénominations** : style anguille, coup de fouet ou métro, style fin de siècle ou 1900, style Mucha, Guimard, Horta ou Tiffany, Modern Style en France, Secessionstil en Autriche, Jugendstyl en Allemagne, Liberty en Italie ou Modernista en Espagne, et bien d'autres encore. Ce sont les **courbes entrelacées**, empruntées à la nature et si caractéristiques de l'Art Nouveau, qui ont inspiré le sobriquet de style nouille.

Réponse 193

La réponse est A. Ce peintre que l'on surnommait **monsieur Ingres** était passionné de musique et jouait du violon avec talent. Ingres (1780-1867), qui fut notamment deuxième violon dans l'orchestre de l'opéra de Toulouse, côtoya les grands compositeurs de son temps, notamment Camille Saint-Saëns, Franz Liszt et Charles Gounod, et certains d'entre-eux firent l'éloge de sa musique. L'expression, en vogue dès le 19e siècle, **inspira le photographe Man Ray** qui, en 1924, en fit une représentation littérale, inspirée de la Baigneuse de Valpinçon.

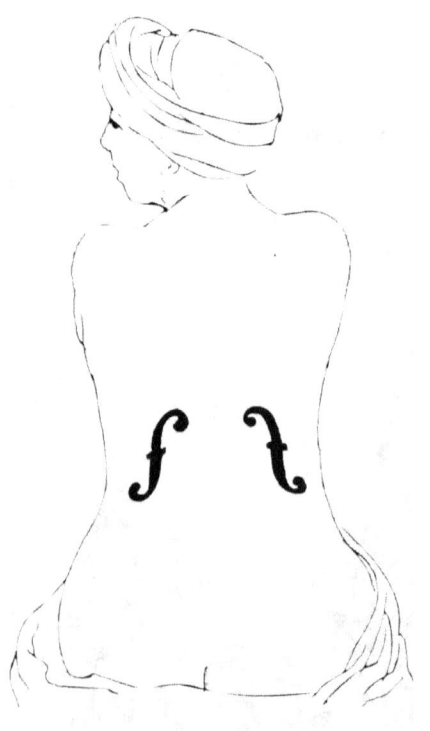

Man Ray, le Violon d'Ingres, 1924

Chapitre 7 : À travers les âges

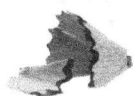

Réponse 194

La réponse est A. Ce terme grec, qui se rapporte à la peinture et la littérature, désigne l'imitation de la nature. Dans sa Poétique, **Aristote** développe l'idée selon laquelle la mymésis est plus qu'une copie conforme de la réalité ; elle la transcende pour **atteindre l'essence des choses**. La théorie de la mymésis, qui définit l'art comme le reflet fidèle de la réalité, est **l'une des plus anciennes théories artistiques** et constituera le **principe esthétique central de l'art occidental** jusqu'au tournant du 20e siècle.

Réponse 195

La réponse est C. Le terme grec paragone qui signifie « exemple », « modèle », est le nom donné par **Léonard de Vinci** à sa théorie selon laquelle la peinture, activité hautement intellectuelle, est **supérieure à la sculpture** qui ne peut se détacher de la matière. **Michel-Ange** s'opposa fermement à cette théorie en rétorquant que la sculpture, qui présente de multiples points de vue, est une activité plus exigeante. Le désaccord entre ces deux artistes est à l'origine d'une querelle qui, s'étendant à la comparaison entre tous les arts, perdurera jusqu'au 20e siècle.

Question 194

Que désigne la mymésis :

A. l' imitation de la nature ?

B. la représentation de la déesse Némésis ?

C. une technique de reproduction en sculpture ?

Question 195

Le *Paragone* est le titre d'un chapitre du Codex urbinas rédigé par Léonard de Vinci. De quoi est-il question dans ces pages :

A. le nom d'un vernis de protection utilisé dans les fresques gréco-romaines ?

B. le nom antique de l'école de peinture d'Athènes ?

C. le nom de la querelle pour la primauté de la sculpture sur la peinture ?

> **Le Codex urbinas**
>
> À sa mort, Léonard de Vinci confie ses notes (quelque 4000 feuillets) à son élève Francesco Melzi. C'est en compilant 335 de ces pages, en suivant probablement une structure ébauchée par Léonard, que Melzi compose une sorte de traité de peinture appelé aujourd'hui le *Codex urbinas*. Ce recueil présente les théories et conseils du maître sur la perspective, le dessin, la couleur, l'étude du mouvement, de la lumière, etc. Nicolas Poussin, qui admirait ces écrits, en illustrera notamment une copie.

143

Histoire de l'art

Question 196

Quelle est la teinte du bistre :

A. bleutée ?
B. verdâtre ?
C. brunâtre ?

Question 197

Le maniérisme, mouvement pictural né en Italie, et dont le Parmesan est l'un des plus illustres représentants, est un courant artistique du :

A. 12e siècle ?
B. 16e siècle ?
C. 18e siècle ?

Réponse 196

La réponse est C. Le bistre, **suie de cheminée** diluée dans du vinaigre et additionnée de gomme arabique, est d'une couleur brune, pouvant tirer du noir au jaune. Le bistre est employé dès le 15e siècle en Italie dans la **décoration des manuscrits**, puis dans les **lavis** jusqu'au 19e siècle, où on lui préfère la sépia (encre de sèche). Par extension, le bistre désigne toute teinte d'un brun sombre, et se rapporte notamment à la palette de couleurs des **artistes cubistes**.

Réponse 197

La réponse est B. À partir des années 1520, l'Italie connaît d'importants bouleversements politiques et religieux. Le **climat de mélancolie** qui en résulte, additionné à une **assimilation arbitraire** de l'héritage des grands maîtres de la première Renaissance, est à l'origine du développement du maniérisme. Souvent **synonyme de décadence**, ce courant stylistique (de *maniera* : style, manière) marque la période de transition entre la Renaissance et le Baroque. Les œuvres de cette époque se distinguent par une **sophistication des attitudes**, un raffinement souvent chargé d'érotisme, et une palette de couleurs acidulées.

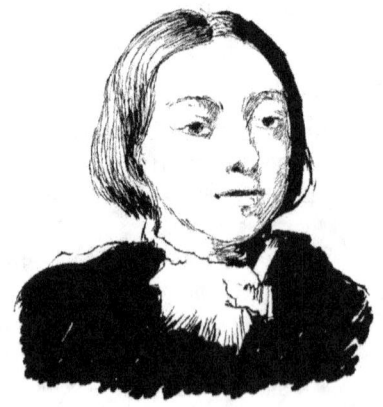

Le Parmesan

Chapitre 7 : À travers les âges

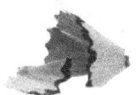

Réponse 198

La réponse est A. Les premières œuvres signées apparaissent durant l'Antiquité, d'abord en Grèce, puis à Rome. Quelques artistes célèbres, peintres, sculpteurs et céramistes, **jouissent alors d'une telle célébrité qu'ils attachent leur nom à leurs créations**. Durant le Moyen Âge, dominé par le système des corporations, l'artiste, **considéré comme simple artisan**, perd toute individualité. Il faut attendre la Renaissance pour que se définisse le statut d'artiste, tel que nous le concevons aujourd'hui, et que se généralise l'usage de la signature. Dans nos régions, **Van Eyck** (1390 - 1441) sera le premier à signer ses tableaux.

Réponse 199

La réponse est B. Les grotesques sont des ornements peints, dessinés ou sculptés, **inspirés du répertoire iconographique antique** et qui mêlent arabesques, représentations animales ou monstrueuses et motifs architecturaux. Apparues à la Renaissance avec la redécouverte de l'Antiquité, ces **décorations fantaisistes** seront remises à l'honneur durant la période néoclassique. Le terme dérive du mot « grotte » qui désignait au 16e siècle les **ruines romaines**.

Question 198

À quelle époque les artistes commencent-ils à signer leurs œuvres :

A. dès l'Antiquité ?
B. au Moyen Âge ?
C. à la Renaissance ?

Question 199

Qu'est-ce qu'une grotesque :

A. une peinture des grottes ?
B. un motif décoratif ?
C. une étude anatomique ?

Jan Van Eyck : *Le mariage des Arnolfini*

Cette œuvre, peinte en 1434, est l'une des plus célèbres de l'artiste mais aussi des plus mystérieuses. Le titre actuel du tableau correspond à l'interprétation de Panovski, qui y vit une représentation d'un mariage traditionnel d'un couple bourgeois. Mais l'intérêt du tableau réside aussi dans le miroir peint par Van Eyck à l'arrière de la scène. L'artiste y aurait représenté son reflet, faisant de sa personne le témoin de l'union. Au dessus du miroir, l'inscription « Jean Van Eyck fut ici en 1434 » accentue encore la présence de l'auteur de l'œuvre, qui affirme, avec une grande modernité, sa personnalité d'artiste.

Histoire de l'art

Question 200

Qu'est-ce qu'une sculpture chryséléphantine :

A. une statue colossale ?
B. une sculpture d'or et d'ivoire ?
C. une sculpture monstrueuse ?

Réponse 200

La réponse est B. Le terme, qui signifie littéralement « d'or et d'ivoire », se rapporte aux **sculptures composites** dont les membres sont sculptés dans l'ivoire, et dont le corps est recouvert de feuilles d'or. **Les plus célèbres sculptures chryséléphantines datent de l'Antiquité** (les statues d'Athéna et de Zeus attribuées à Phidias) mais ont aujourd'hui disparu. Les artistes grecs ont aussi mélangé le marbre et les métaux précieux (ces sculptures sont dites **acrolithes**). La statuaire chryséléphantine a connu un **immense succès avec l'Art Nouveau** puis l'art Déco.

Les anamorphoses

Les anamorphoses (« retour vers la forme ») sont des images déformées qui apparaissent dès le 16e siècle, au moment où les artistes commencent à s'intéresser à la perspective et aux lois de l'otique. C'est en amplifiant ou en déformant ces règles (allongement du point de fuite, dessin sur plan oblique, jeu de miroirs convexes, etc.) que les peintres, tels Vinci, Holbein puis Simon Vouet obtiennent ces images insolites. Elles témoignent d'un esprit de curiosité et constituent un moyen d'approfondir la connaissance de la réalité. Très en vogue au 17e siècle, les anamorphoses seront redécouvertes au 20e siècle par les surréalistes.

Chapitre 7 : À travers les âges

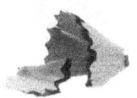

Réponse 201

La réponse est C. L'invention de la perspective va de pair avec l'**abandon du surnaturel médiéval** et le retour à l'observation de la nature qu'opèrent les artistes de la Renaissance. C'est vers 1415 que l'artiste florentin **Brunelleschi** réalise les premières expériences sur le **principe du point de fuite**. Ses conclusions seront codifiées vingt ans plus tard par **Alberti** qui fixe la théorie de la perspective linéaire. Enfin, c'est à **Léonard de Vinci** que l'on doit la mise au point de la **perspective aérienne** — ou atmosphérique — qui représente la profondeur par des variations de couleur et de lumière.

Réponse 202

La réponse est B. La notion de **genres picturaux**, qui apparaît à la Renaissance, est formulée avec précision au 17e siècle par l'académicien français **Félibien**. Cette conception, qui définit un **classement thématique et hiérarchique** des sujets représentés, va **régir la pratique artistique durant près de 300 ans**, avant d'être remise en question par les impressionnistes, et, dans leur sillage, tous les courants picturaux de la modernité. La hiérarchie des genres picturaux est établie selon la typologie suivante : nature

Question 201

À quand remonte l'invention de la perspective occidentale :

A. au 2e siècle de notre ère ?
B. au 8e siècle ?
C. au 15e siècle ?

Question 202

Lequel de ces genres picturaux était considéré comme la « Grand Peinture » entre les 17e et 19e siècles :

A. le portrait ?
B. la peinture d'histoire ?
C. la nature morte ?

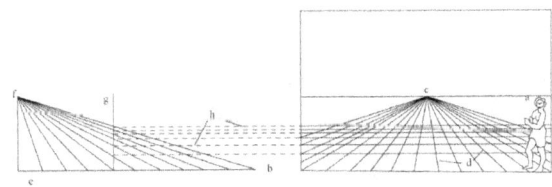

Alberti, étude de perspective

Histoire de l'art

Question 203

Quelle est la particularité de la tiare d'or de Saïtaphènas :

A. elle est faite d'un métal inconnu ?
B. il s'agit d'un faux ?
C. elle aurait appartenu à Ponce-Pilate ?

Question 204

Qu'est-ce qu'une *camera obscura* (« chambre noire ») :

A. Une chambre funéraire qui, dans les pyramides, accueillait la dépouille de la reine ?
B. Un appareil d'optique dont le principe, connu depuis l'Antiquité, est à l'origine de la photographie ?
C. Un type de scène nocturne fréquent dans la peinture hollandaise du 17e siècle ?

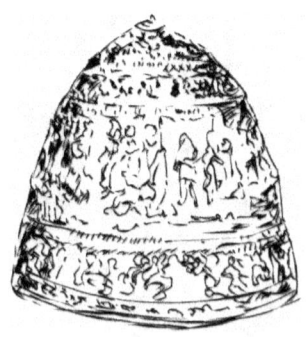

La tiare de Saïtaphènas

morte, paysage, peinture animalière, portrait, portrait de groupe et **peinture d'histoire, considérée comme le genre le plus noble**.

Réponse 203

La réponse est B. Cette couronne d'or repoussé, **ornée de scènes de l'Iliade**, est l'un des plus célèbres faux en art. Achetée en 1896 par le **musée du Louvre** pour une somme astronomique à l'époque (200 000 francs or), elle passait pour un chef-d'œuvre du 3e siècle av. J.-C. En réalité, cette œuvre de grande qualité a été réalisée par *Rouchomovski*, un orphèvre d'Odessa, à une époque où de nombreuses fouilles sont effectuées dans le Bosphore.

Réponse 204

La réponse est B. La camera obscura – ou chambre noire – est l'ancêtre de l'appareil photographique. Elle obéit au pricipe selon lequel un trou, percé dans une boîte, projette une **image inversée** sur la surface opposée. Connu depuis *Aristote*, le procédé est décrit et dessiné par *Léonard de Vinci* vers 1515. Durant les siècles suivants, la camera obscura portative est utilisée par les peintres, parmi lesquels figurent probablement Canaletto, Vermeer et Reynolds.

Chapitre 7 : À travers les âges

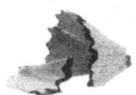

Question 205

Comment appelle-t-on le thème iconographique de la Vierge assise portant le Christ mort sur ses genoux :

A. une Lamentation ?
B. une Piéta ?
C. une Vierge en majesté ?

Réponse 205

La réponse est B. Ce thème de la Vierge de pitié apparaît dans la peinture occidentale au milieu du 14e siècle. Il résulte de l'**extraction d'un thème plus général**, la Lamentation ou **Déploration du Christ** décloué de la Croix. Dans son sens le plus strict, la Piéta représente seuls Marie et son fils, mais d'autres personnages peuvent figurer sur la scène, comme **des anges, saint Jean, sainte Marie-Madeleine ou un donateur**. Le thème sera notamment traité par Michel-Ange et le Bernin en sculpture, et par Rubens, Van der Weyden et Delacroix en peinture.

Question 206

Quel artiste a déclaré : « Je n'ai que trois maîtres, Vélasquez, Rembrandt et la nature » :

A. Francisco Goya ?
B. Anton Van Dyck ?
C. Gustave Courbet ?

Réponse 206

La réponse est A. Après de nombreuses années de travail, Goya (1746-1828) est nommé « premier peintre de cour » du roi d'Espagne Charles IV. Cet événement lui vaut une **ascension fulgurante**. Mais une grave maladie qui lui fait perdre l'ouïe, puis l'invasion des troupes napoléoniennes éloignent Goya de la Cour. Entre 1919 et 1922, il se réfugie dans sa « **maison du Sourd** » sur les murs de laquelle il peint ses « **peintures noires** », images tragiques et angoissées qui marquent une **période de tourmente**, mais aussi la maturité de

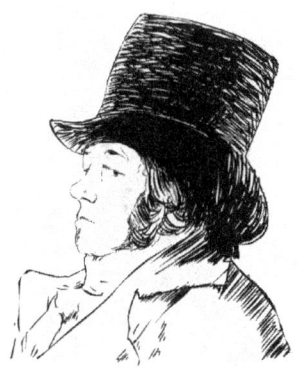

Francisco Goya

Histoire de l'art

Question 207

Qu'est-ce qu'une grisaille :

A. un procédé pictural qui imite la sculpture ?
B. un enduit de préparation des toiles ?
C. un type de paysage en vogue durant la période romantique ?

Question 208

Quel est le point commun entre les peintres Jacob Van Ruysdael, Camille Corot et John Constable :

A. ce sont tous trois des peintres paysagistes ?
B. ils ont tous été les élèves de Nicolas Poussin ?
C. ils ont effectué un voyage en Italie, après avoir remporté le Prix de Rome ?

Réponse 207

La réponse est A. Apparue dès l'Antiquité, cette technique consiste à créer l'illusion d'un relief sculpté par l'emploi d'un **camaïeu de gris**. Ce procédé connaît une grande vogue durant le Moyen Âge et la Renaissance, notamment dans la **décoration des volets des triptyques**, dont la face extérieure présente très fréquemment ce type de **trompe-l'œil**. Cette technique fut également utilisée dans la décoration des vitraux.

Réponse 208

La réponse est A. La peinture de paysages devient un **genre pictural à part entière** au 16e siècle, et connaît un véritable succès au siècle suivant, notamment aux Pays-Bas (Van Ruysdael, 1628-1682). D'abord idéalisé, le paysage acquiert bientôt **plus de réalisme**, notamment avec John Constable (1776-1836). Dans le courant du 19e siècle, le développement de la **peinture en plein air** (Camille Corot, 1796-1875) jette les bases de la **vision moderne** du paysage impressionniste.

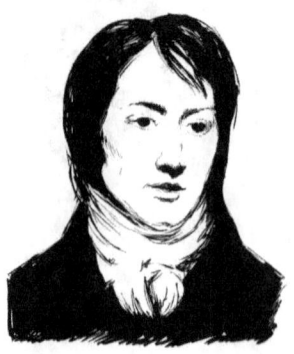

John Constable

Chapitre 7 : À travers les âges

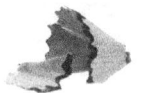

Réponse 209

La réponse est C. Le mouvement Dada fut fondé à Zurich en 1916 par plusieurs artistes et intellectuels parmi lesquels Hugo Ball, Tristan Tzara et Hans Arp. **Animés par une vive révolte contre la guerre et l'ordre bourgeois**, les futurs dadaïstes organisent au Cabaret Voltaire des manifestations de **provocation systématique**. Le terme « dada » fut d'ailleurs choisi par Tzara et Ball en **tombant par hasard sur ce mot sans véritable signification dans un dictionnaire**, alors qu'ils cherchaient un nom pour la chanteuse du cabaret. Le terme évoque à lui seul l'**esprit de dérision et le nihilisme** de ces artistes qui rêvaient de « tuer l'art ».

Réponse 210

La réponse est A. La technique de fonte à la cire perdue, qui existe depuis la préhistoire, est l'un des principaux procédés de coulage du bronze, et fut très répandu au cours du 19e siècle. Le modèle, exécuté en cire, est enveloppé dans une gangue d'argile réfractaire percée de canaux d'évacuation. Chauffé, ce moule sèche et laisse échapper la cire fondue. Le métal en fusion est alors introduit par les canaux, et le moule est détruit pour libérer le modèle.

Question 209

Pour quelle raison le Cabaret Voltaire est-il resté un lieu célèbre pour l'histoire de l'art :

A. les impressionnistes ont multiplié les représentations dans ce lieu ?

B. Toulouse-Lautrec y réalisa la plupart de ses pastels ?

C. c'est là que fut fondé le mouvement Dada ?

Question 210

Quel nom porte la technique de la fonte du bronze :

A. la cire perdue ?

B. la mise au point ?

C. le coffrage ?

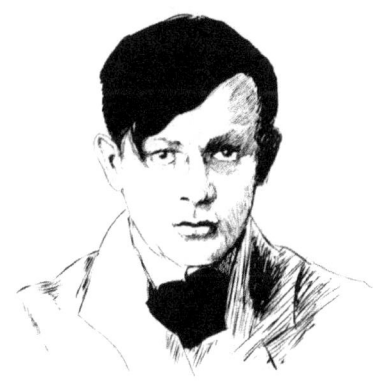

Tristan Tzara

Histoire de l'art

Question 211

L'essence de térébentine est, depuis les origines, le diluant typique de la peinture à l'huile. De quel produit est-elle issue :

- A. de l'ambre ?
- B. de la cire d'abeille ?
- C. de la résine de conifère ?

Question 212

L'épreuve du temps et les analyses en laboratoire révèlent bien souvent des changements de compositions effectuées par l'artiste au cours de son travail. Comment s'appelle ce type de modification :

- A. un repeint ?
- B. un repentir ?
- C. une rature ?

Réponse 211

La réponse est C. Cette **essence grasse et volatile** est obtenue par distillation de l'écoulement résineux de certains conifères (pins, mélèze). Elle constitue depuis Van Eyck le diluant par excellence de la peinture à l'huile, mais bien d'autres essences sont utilisées en peinture : pétrole, essence d'aspic, huiles lourdes. C'est la résine qui donne à l'essence de térébentine son **odeur particulière** qui rebutait tellement Marcel Duchamp qu'il en aurait cessé de peindre.

Réponse 212

La réponse est B. Le repentir est une **modification effectuée par la main de l'artiste même**, pour corriger la composition de son œuvre. Le repeint — ou surpeint — est un ajout postérieur à la création de l'œuvre, toujours opéré par une autre main. Il peut s'agir d'une restauration, d'un **repeint de style** (en raison d'une variation de goût), ou d'un repeint moral, dont l'exemple le plus caractéristique est le **repeint de pudeur** destiné à masquer la nudité d'un personnage.

Chapitre 7 : À travers les âges

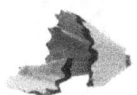

Réponse 213

La réponse est C. Selon les Métamorphoses d'Ovide, Pygmalion, sculpteur ou roi légendaire de Chypre, avait fait serment de célibat. Il se consacra alors à la sculpture, et plus particulièrement à une statue de femme en ivoire. Lorsque celle-ci fut achevée, le **sculpteur en tomba éperdument amoureux**. Émue par cette passion, Aphrodite **insuffla la vie** à la sculpture et Pygmalion l'épousa. Ce **mythe de la création parfaite**, est fréquemment représenté par les artistes depuis le Moyen Âge.

Réponse 214

La réponse est B. Instaurée dans le tournant des 18e et du 19e siècles, la pratique du vernissage consistait, à l'origine, à **passer une dernière couche de vernis sur les tableaux**, le jour de l'inauguration d'une exposition, pour leur donner un éclat maximal. Il arrivait également que les artistes apportent les **dernières retouches** à leurs œuvres. C'est notamment le cas de **William Turner** qui avait pris l'habitude de terminer ses tableaux après leur accrochage. Cette pratique est à l'origine du terme de « vernissage » d'une exposition.

Question 213

Quel personnage mythique, ayant donné son nom à un célèbre comportement de conditionnement psychologique (dit aussi « effet Rosenthal »), s'est épris de l'une de ses propres sculptures :

A. Phidias ?

B. Persée ?

C. Pygmalion ?

Question 214

Le « vernissage » d'une exposition, qui consiste à inaugurer une exposition en présence de l'artiste, est une pratique qui remonte :

A. 16e siècle ?

B. 19e siècle ?

C. 20e siècle ?

Histoire de l'art

Question 215

De quel artiste dénombre-t-on le plus de faux :

- A. Rembrandt ?
- B. Picasso ?
- C. Corot ?

Question 216

Traditionnellement, les églises sont orientées vers :

- A. l'est ?
- B. l'ouest ?
- C. le nord ?

Réponse 215

La réponse est C. Peintre très en vogue de son vivant, Camille Corot (1796-1875) est l'artiste le plus copié de l'histoire, devant Millet, Delacroix, Picasso et Renoir. Alors que **2 500 tableaux** sont attribués au maître, on en dénombre environ 30 000 en Europe et plus de 100 000 sont enregistrés aux États-Unis. Ce nombre phénoménal s'explique par plusieurs facteurs. D'abord par le peu de cas que Corot faisait des copies réalisées de son vivant, en allant parfois même jusqu'à les **identifier lui-même**. Ensuite, par la popularité du peintre qui a suscité une **demande colossale**. Enfin, par **son style et sa signature facilement imitables**.

Réponse 216

La réponse est A. Depuis l'époque paléochrétienne, les églises sont orientées vers l'est, en direction du levant, qui symbolise **le Christ « lumière du monde »**. L'abside est aussi bien souvent la partie la plus éclairée de l'édifice. Ce principe devient la règle au Moyen Âge. Selon les textes, le temple de Salomon est tourné vers l'est, et le **Paradis** se trouve à l'orient. Le mot orient est donc à l'origine du **verbe orienter**. C'est à partir du 11e siècle que ce principe se généralise.

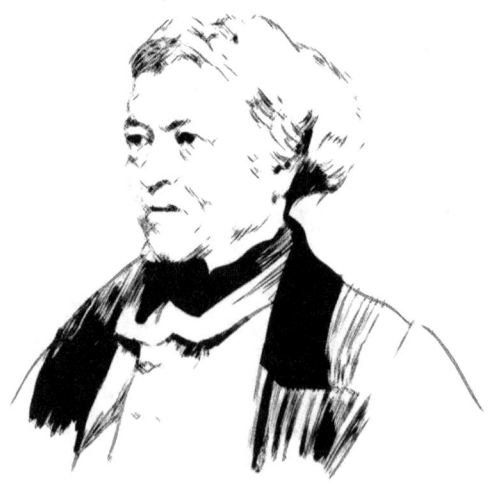

Camille Corot

Chapitre 7 : À travers les âges

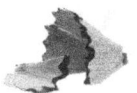

Réponse 217

La réponse est C. Apparue vers 1150 en Île-de-France, la sculpture gothique est d'abord caractérisée par les **tympans sculptés** et les **statues-colonnes**. Ces figures sont **taillées à même la base des colonnes** de jambage, et présentent un **raffinement** et une **vérité des attitudes** inédite. Le travail des drapés, la **recherche de mouvement** et le jeu de courbes forment la grammaire de la sculpture gothique. Les statues autonomes n'apparaîtront qu'au 13e siècle.

Réponse 218

La réponse est B. On attribue généralement la paternité du procédé lithographique à Senefelder (1771-1834). Mise au point entre 1796 et 1799, cette technique consiste à **dessiner sur une pierre calcaire à l'aide d'un crayon gras**. La pierre est ensuite mouillée et recouverte d'une encre grasse qui n'adhère que sur les traits de crayon. Le **passage sous une presse** permet l'impression et la reproduction du motif dessiné. Au 19e siècle, le lithographie sera **abondamment utilisée dans le domaine journalistique**, et Degas, Daumier, Goya, parmi d'autres, se serviront de la lithographie comme **moyen d'expression à part entière**.

Question 217

Les « statues-colonnes » sont caractéristiques de l'art :

A. grec ?
B. roman ?
C. gothique ?

Question 218

À quand remonte l'invention de la lithographie :

A. 1655 ?
B. 1799 ?
C. 1843 ?

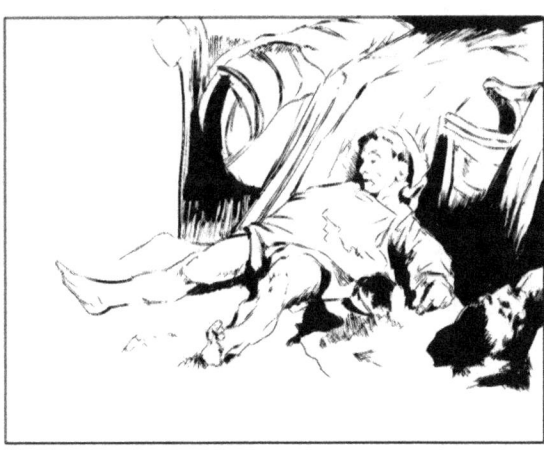

Honoré Daumier, Rue Transnonain, Le 15 avril, 1834, lithographie

Histoire de l'art

Question 219

Que désigne le terme « jus musée » :

A. une patine artificielle ?
B. une patine naturelle ?
C. un vernis de protection ?

Question 220

Pour quelle raison sainte Véronique, contemporaine de Jésus-Christ, est-elle la patronne des photographes :

A. elle aurait fait imprimer par le soleil l'empreinte d'une croix sur son corps ?
B. elle aurait fixé le visage du Christ sur un tissu ?
C. elle aurait fait imprimer puis diffusé une gravure de la Vierge ?

Réponse 219

Le réponse est A. Très courante au 19ᵉ siècle, l'emploi du « jus musée » ou du « ton doré » consistait à créer artificiellement — ou à accentuer — l'**effet de jaunissement** naturel des tableaux. Pour ce faire, on appliquait un vernis teinté sur la surface picturale. Dans l'après-guerre, les restaurateurs se sont efforcés de **supprimer cette coloration**, parfois même lorsqu'elle était naturelle, ouvrant un débat qui est encore loin d'être clos. Il est également à noter que certains artistes, parmi lesquels figurent **Courbet** et **Delacroix**, recouvraient volontairement leurs tableaux d'un jus teinté qui **ajustait la tonalité globale de l'œuvre**.

Réponse 220

La réponse est B. Selon la légende, Véronique essuya le visage ensanglanté du Christ sur le chemin de la Croix. La face de Jésus s'imprima sur le linge dont elle se servit. Dès le 13ᵉ siècle, un « **voile de Véronique** » est conservé à Rome et fait l'objet d'une dévotion particulière : le **culte de la Sainte Face**. Le nom Véronique trouverait d'ailleurs son origine dans les mots **icône véritable** (*Vera icona*). Aujourd'hui, le Saint-Suaire de Turin est considéré comme l'authentique voile de Véronique.

Chapitre 8
L'art religieux

Réponse 221

La réponse est C. Sainte Véronique est une des femmes qui suivirent le Christ durant sa montée au Golgotha. Lorsque le Christ tomba à terre sous le poids de la croix, elle lui essuya le visage et celui-ci, par miracle s'imprima sur le linge. Le nom de Véronique, qui n'apparaît jamais dans les Évangiles, proviendrait de l'expression **vera Icon** (c'est-à-dire véritable image). La Véronique, conservée à la Basilique Saint-Pierre de Rome est l'une des quelques images attestées du **Christ achéropoïète**, c'est-à-dire non réalisée de main d'homme. Les plus célèbres images achéropoïètes sont le **Mandilion** (qui doit son nom au mot arabe *mandul* qui signifie pièce d'étoffe) ou **Oubrous** (terme utilisé dans les églises d'Orient), le **saint Suaire de Turin** (ensemble du corps du Christ mais après la Passion), le **Keramidion** (une brique), la sainte face de Manopollo, le tableau de Notre-Dame-de-Guadalupe, etc. De très nombreux peintres ont représenté sainte Véronique et son linge. Cette sainte est toujours identifiable dans les scènes de groupe par la présence de ce linge achéropoïète. L'esquisse du tableau ci-contre, peint en 1515, *La Montée au Calvaire*, est de Jérôme Bosch (musée des Beaux-Arts à Gand, Belgique).

Question 221

Qu'est ce que la Véronique ?

A. une sainte qui a approché le Christ après sa résurrection ?
B. un morceau de tissu coloré ?
C. une relique ?

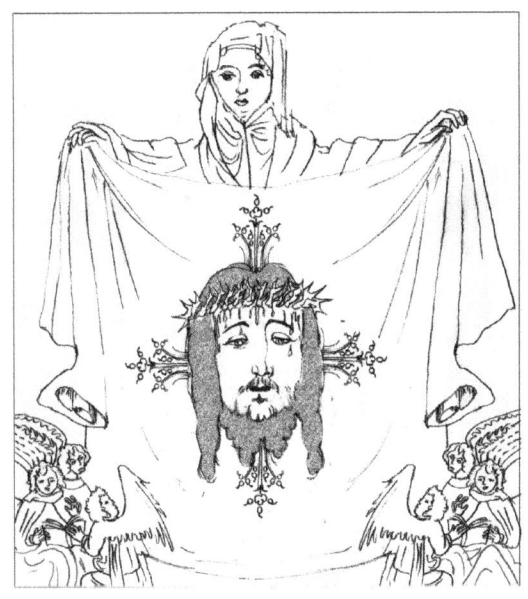

Montée au Calvaire (d'après J. Bosch)

Histoire de l'art

Question 222

Dans l'art religieux, saint Sébastien est :

A. toujours représenté criblé de flèches ?
B. parfois représenté en soldat ?
C. parfois représente sur une croix, tête en bas ?

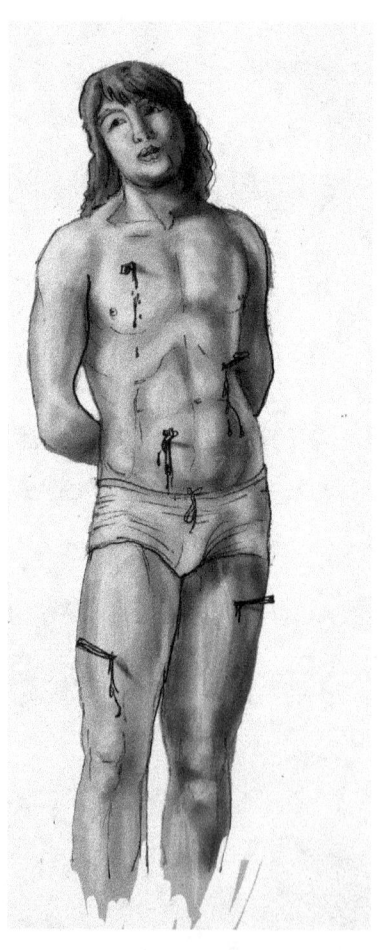

Martyre de saint Sébastien
(d'après Hans Memling)

Réponse 222

La réponse est B. Saint Sébastien, officier de la garde prétorienne, converti au christianisme, est régulièrement représenté en soldat et en briseur d'idoles. Condamné à mort, il fut attaché à une colonne et transpercé de flèches. Laissé pour mort, il fut soigné par une veuve, Irène. Guéri, il se présenta devant l'empereur Dioclétien pour proclamer sa foi chrétienne. À nouveau condamné à mort, il fut roué de coups et son corps fut jeté dans le *Cloaca maxima*. Retrouvé par un chrétien, il fut enseveli dans les catacombes. Dans l'art religieux, on reconnaît saint Sébastien, très souvent peint, à différents symboles : **corps transpercé par une ou plusieurs flèches, présence d'un casque d'officier, scène de bastonnade**, laquelle a provoqué sa mort, ou encore aux idoles détruites par ses soins.

L'esquisse du tableau ci-contre, peint vers 1475, *Le Martyre de saint Sébastien*, est de Hans Memling (musée des Beaux-Arts à Bruxelles, Belgique).

Chapitre 8 : L'art religieux

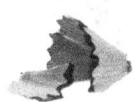

Réponse 223

La réponse est B. Saint Michel est l'un des saints les plus importants des religions monothéistes. Il est déjà cité dans la Bible (Livre de Daniel) en tant qu'**Archange** (être spirituel placé au dessus des anges ; les plus connus sont Michel, Gabriel et Raphaël). La représentation du saint varie selon les époques et les lieux. En Occident, saint Michel est le plus souvent représenté en **armure combattant les démons** ou encore comme celui qui pèse les âmes avant le Jugement dernier. En Orient, il est le plus souvent représenté comme un **dignitaire de la cour**. Cependant, quelle que soit la représentation, saint Michel est toujours pourvu de **deux ailes remarquables** en splendeur et en grandeur. Chez les orthodoxes, saint Michel tient souvent en main le bâton des ostiaires (portiers) du paradis. Il porte également le *loron*, l'écharpe des nobles de la cour de Byzance.
L'esquisse de l'icône ci-contre, peinte au XIVe siècle, représente l'Archange Michel (galerie Tretiakov, Moscou).

Question 223

Dans l'art byzantin, saint Michel est :

A. toujours représenté en soldat ?

B. le plus souvent représenté en dignitaire de la cour ?

C. toujours représenté avec une seule aile ?

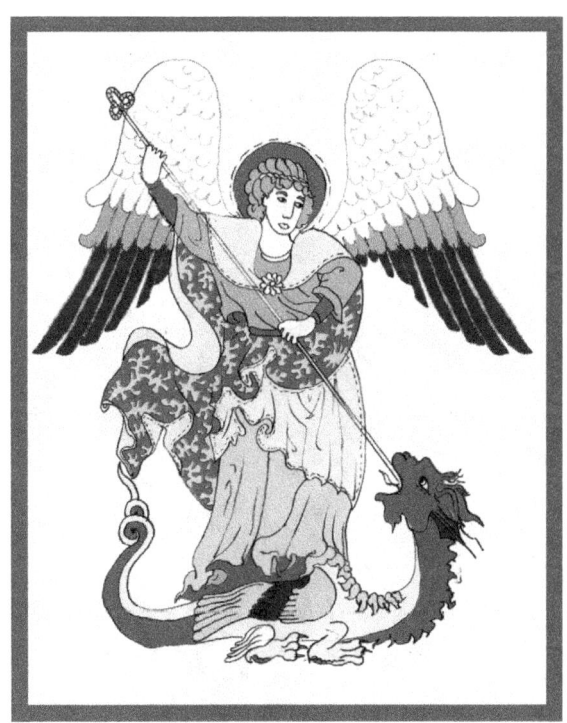

L'archange Michel
(d'après une icône)

Histoire de l'art

Question 224

Représentée dans de nombreux tableaux, Marie l'Égyptienne est :

A. le surnom de la mère de Jésus après la Fuite en Égypte ?
B. une autre dénomination pour Marie-Madeleine, qui oignit les pieds de Jésus ?
C. le nom d'une ermite du désert égyptien ?

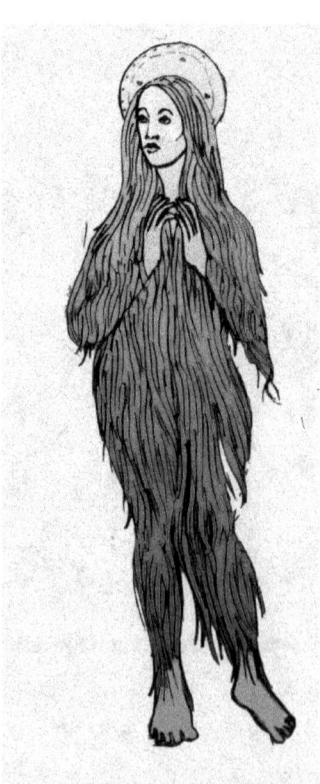

Marie l'Égyptienne

Réponse 224

La réponse est C. L'ermitisme est né en Égypte. La plupart des **ermites** ou **anachorètes** sont des hommes. Dans ce contexte, l'histoire de Marie L'Égyptienne, vivant au Ve siècle, est assez extraordinaire. Pendant plusieurs années, Marie l'Égyptienne exerce le métier de prostituée. Décidant un jour de se joindre à une caravane partant pour Jérusalem, elle est empêchée par une force interne de pénétrer dans le saint Sépulcre. Elle décide alors, pour expier ses péchés, de vivre en ermite dans le désert égyptien. Elle n'emporta que **trois pains** qui suffirent à la nourrir pendant des années. Ses vêtements s'usant, elle ne fut plus bientôt vêtue que de ses seuls cheveux. Dans l'art religieux, on reconnaît Marie l'Égyptienne à sa très **longue chevelure** et à la présence de trois petits pains.

L'esquisse du tableau ci-contre, détail de *La Rencontre entre saint François et saint Dominique*, est un anonyme du XIVe siècle (Pinacoteca Nazionale à Sienne).

Chapitre 8 : L'art religieux

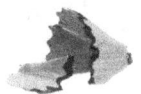

Réponse 225

La réponse est A. Saint Jérôme, qui vivait en Dalmatie au quatrième siècle, était un homme très cultivé qui fréquenta les plus grands (le grammairien Donat, saint Grégoire de Nazianze, etc.) et fut même le secrétaire particulier du pape Damase. C'est ce dernier qui lui confia la révision de la traduction latine de la Bible ; cette traduction (la **Vulgate**) était réalisée d'après les textes grecs. Les éléments associés à saint Jérôme sont nombreux et représentent un des moments de sa vie : l'**érémitisme** (il fut ermite dans le désert pendant trois ans), le chapeau et la **robe cardinalices** (la dignité de cardinal était croyait-on nécessaire pour être secrétaire du pape ; en réalité, il ne le fut jamais et le chapeau de cardinal était de toute façon un anachronisme à son époque), le **sablier** (qui renvoie à la méditation), un **crâne** (qui renvoie à la vanité des choses), un **livre** ou un rouleau (lequel représente ses écrits ou la Bible), un **palmier** (lequel indique le lieu symbolique de sa mort, en Palestine) et un **lion**. D'après l'ouvrage de Jacques de Voragine (*La Légende dorée*), saint Jérôme ôta une épine à un lion, lequel ne le quitta plus.

Question 225

L'un des attributs de saint Jérôme est un Livre, car il :

A. révisa la traduction latine de la Bible ?
B. écrivit un commentaire très savant sur la Genèse ?
C. fut le premier à jurer sur la Bible ?

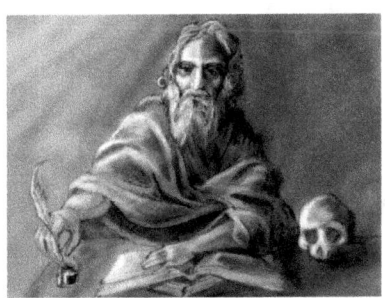

La Légende dorée

Il s'agit d'un ouvrage composé au treizième siècle par Jacques de Voragine. Cet ouvrage, dans lequel l'art religieux a puisé très abondamment ses récits et ses symboles, raconte la vie de plus de cent quarante saints chrétiens. La plupart des légendes illustrées dans l'art religieux occidental (sainte face, Marie l'Égyptienne, etc.) sont reprises de cet ouvrage, même si elles ont été considérablement augmentées au cours des siècles. On notera que cet ouvrage est toujours lu par les artistes et ceux qui s'intéressent pour des raisons diverses (dont artistiques) à la vie des saints. On en trouvera une édition complète dans une collection de poche (Garnier Flammarion).

Histoire de l'art

Question 226

Dans de nombreuses peintures religieuses, l'artiste représente la tête d'un homme sur un plateau. De qui s'agit-il ?

- A. de Jean-Baptiste ?
- B. de saint Jean, l'apôtre évangéliste ?
- C. de saint Luc, l'apôtre ?

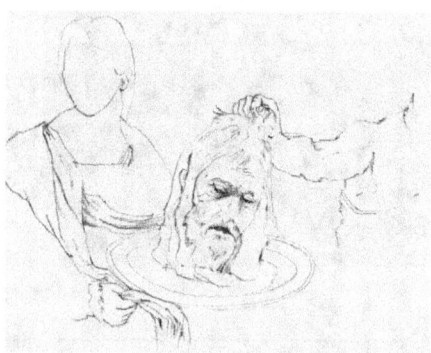

Saint Jean-Baptiste
(d'après A. Solano)

Question 227

En iconographie religieuse, la présence d'une tiare à trois niveaux indique que le personne représenté est :

- A. un cardinal ?
- B. un pape ?
- C. un évêque de rite oriental ?

Réponse 226

La réponse est A. Saint Jean-Baptiste, qui avait baptisé Jésus dans le Jourdain, fut décapité sur l'ordre de Hérode Antipas. Jean-Baptiste reprochait à Hérode sa conduite. Celui-ci vivait en effet avec Hérodiade la femme de son frère. Hérodiade était très montée contre Jean-Baptiste et lorsque l'occasion lui en fut donnée elle instigua sa fille **Salomé** à obtenir d'Hérode qu'il fit trancher la tête de Jean-Baptiste et la lui présenta sur un plat d'argent. Dans l'iconographie chrétienne, **Jean-Baptiste est également présenté enfant** (les artistes imaginèrent qu'enfant il avait joué avec Jésus), baptisant le Christ ou prédicateur. Il est souvent accompagné d'un **agneau** car voyant le Christ il dit : « Voici venir l'agneau de Dieu ».
L'esquisse du tableau ci-contre est un classique. Il a été peint vers 1507 par Andras Solaro (musée du Louvre, Paris).

Réponse 227

La réponse est B. La tiare à trois niveaux représente le pape. Dans cette tiare, chacune des couronnes superposées possède son propre symbole : la première couronne indique que le pape est le **père des rois**, la seconde indique qu'il est le **gouverneur du monde** et la troisième qu'il est le **vicaire du Christ**.

Chapitre 8 : L'art religieux

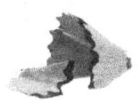

L'esquisse du tableau ci-contre illustre parfaitement les trois couronnes de la tiare papale. Il s'agit d'un détail de *l'Autel des Pères de l'Église*, peint vers 1480, par Michael Pacher (Alte Pinakothek, Munich). Ce tableau représente le pape saint Grégoire (auquel on doit la musique grégorienne).

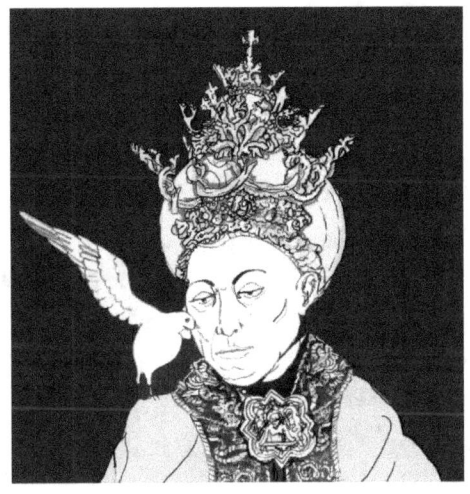

Tiare papale

Réponse 228

La réponse correcte est A. Les cinq plaies du Christ (mains, pieds, côté) sont le principal attribut iconographique de saint François d'Assise. Comme on le sait, né riche, il se convertit à l'âge adulte et se dépouilla de tout ce qu'il possédait pour devenir un pénitent vêtu de bure et vivant d'aumônes. La corde qui ceint son vêtement possède trois nœuds, lesquels représentent symboliquement les **trois vœux (pauvreté, chasteté, obéissance)**. Pour symboliser la vision qui lui est apparue sur l'Alverne (sur le chemin des Pouilles), on peint souvent **le Christ en croix avec les ailes d'un séraphin** dans les tableaux représentant le saint.

Question 228

Un saint, très connu, est représenté avec les cinq stigmates du Christ. De qui s'agit-il :

A. saint François d'Assise ?
B. saint François Xavier ?
C. saint Martin ?

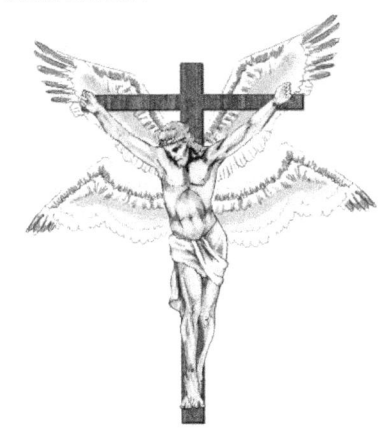

Histoire de l'art

Question 229

Un des thèmes classiques de la peinture religieuse est celui d'un paysage montrant deux hommes en prière tandis que dans le ciel un corbeau transporte un quignon de pain. De quels saints s'agit-il ?

A. de Pierre et Paul ?
B. de Paul et Antoine ?
C. de Jacques et Jean ?

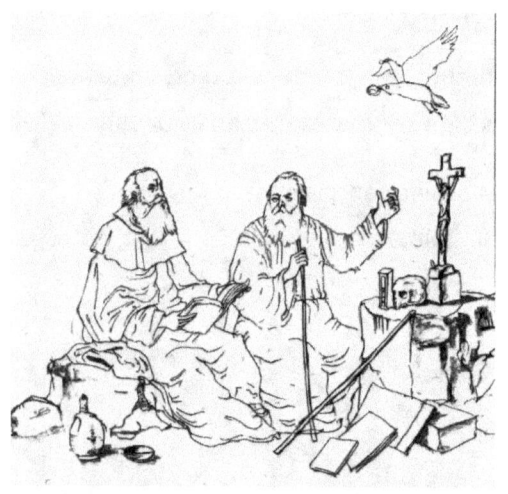

La visite

Réponse 229

La réponse correcte est B. De nombreux tableaux représentent l'ermite saint Paul visité par saint Antoine. Ainsi que le raconte Jacques de Voragine dans *La Légende dorée*, un corbeau apporte chaque jour un **pain** à saint Paul. Le jour de la visite de saint Antoine la ration est doublée. Avant de retrouver saint Paul dans son ermitage, saint Antoine a rencontré de nombreuses **bêtes fabuleuses**, lesquelles sont parfois représentées sur la toile. Le tableau de cette rencontre représente parfois aussi la mort de saint Paul dont saint Antoine a vu l'âme monter au ciel puis redescendre. Dans l'iconographie religieuse, saint Antoine (évêque d'Alexandrie) est également très présent du fait de ses nombreuses **tentations** alors qu'il était ermite. Rares sont les peintres « classiques » (Jérôme Bosch, Teniers l'Ancien, Matthias Grünewald, etc.) à n'avoir voulu représenter de manière picturale les tentations de saint Antoine. Saint Paul, le premier ermite, lorsqu'il est seul, est généralement représenté nu et décharné ou habillé seulement de feuilles de palmier (il est vrai qu'il a vécu 60 ans dans le désert). Deux **lions** aidèrent saint Paul à l'ensevelir en creusant la fosse, c'est pourquoi ils sont parfois représentés en compagnie du saint ermite.

Chapitre 8 : L'art religieux

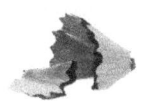

L'esquisse du tableau de la page précédente, peint vers 1630, représente *La rencontre entre saint Antoine et saint Paul ermite*. Il a été peint par Diego Vélasquez (Museo del Prado, Madrid).

Réponse 230

La réponse correcte est A. Saint Christophe a demandé que Dieu lui donne un **visage repoussant**. C'est la raison pour laquelle dans l'iconographie orientale il est souvent représenté avec une tête d'animal (le plus souvent celle d'un chien). Le nom Christophe (du grec *christophoros*) signifie **celui qui porte le Christ**, c'est ce nom qui lui fut attribué après sa conversion. Antérieurement à la conversion, il portait celui de **Reprobus** (le Réprouvé) et appartenait, selon les légendes orientales, à une tribu d'anthropophages. C'est cependant sous l'aspect de bon passeur que l'iconographie occidentale représente généralement saint Christophe. Rappelons que selon la légende, il transporta un jour un enfant d'une rive à l'autre mais au fur et à mesure qu'il s'enfonçait dans l'eau l'enfant devenait de plus en plus lourd et, arrivé sur l'autre rive, lui révéla qu'il était le Christ et pour preuve lui ordonna de planter son bâton, lequel devint immédiatement un arbre touffu.

Question 230

Comme la plupart des saints, saint Christophe a été la proie d'horribles tentations. Qu'a-t-il demandé à Dieu pour n'y pas succomber :

A. un visage repoussant ?
B. la perte de la vue ?
C. la perte de l'odorat ?

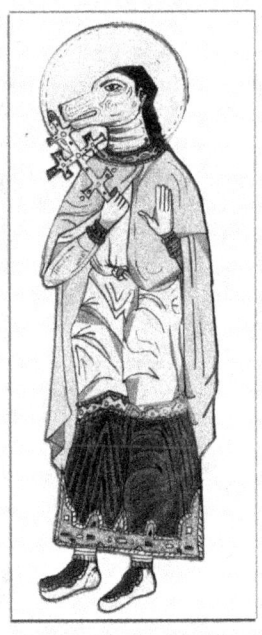

Saint Christophe selon l'iconographie byzantine

QCM — Histoire de l'art

Question 231

Dans l'iconographie égyptienne, un dieu est toujours représenté sous forme d'un disque solaire pourvu de petites mains. De qui s'agit-il ?

A. Amon ?
B. Aton ?
C. Rê ?

Cette légende explique les divers symboles picturaux qui ornent les tableaux ayant saint Christophe pour sujet.
L'esquisse de cette icône (voir page précédente) anonyme de **Saint Christophe cynocéphale** a été peinte aux environs de 1680. Elle se trouve au musée byzantin d'Athènes.

Réponse 231

La réponse correcte est B. Dans l'iconographie égyptienne, le dieu **Aton** est représenté sous la forme d'un **disque solaire** dont partent diverses émanations (des lignes de force) terminées par des mains. Certaines d'entre elles (généralement deux) tiennent la **croix ansée** (*Ankh*), le signe de vie, le signe de l'immortalité. Si on regarde bien, chaque fois qu'une main présente le signe de vie, c'est qu'elle est dirigée vers le pharaon ou vers son épouse. C'est à **Aménophis IV** (« Amon est satisfait ») que l'on doit la répudiation du dieu Amon-Rê (et de tout son riche clergé) pour mettre en place un dieu unique, Aton (le pharaon change alors son nom pour celui d'Akhénaton). Certains placent dans cet épisode l'origine du **monothéisme**.

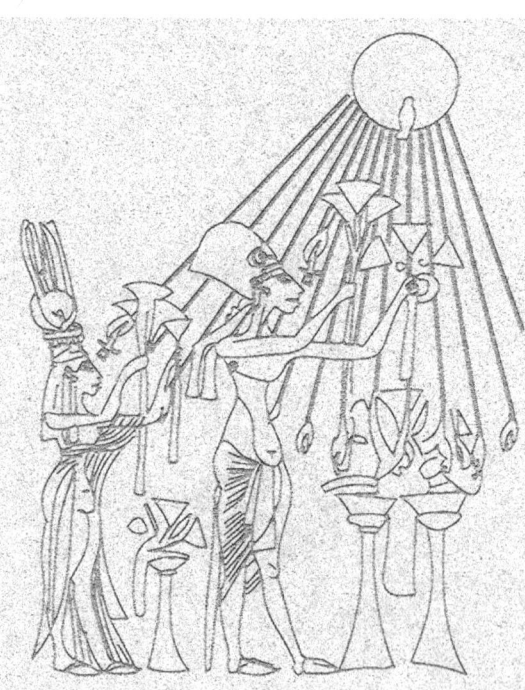

Le monothéisme égyptien

Chapitre 8 : L'art religieux

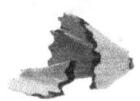

Le dessin de la page précédente représente l'offrande à Aton. Il s'agit d'un relief en calcaire en provenance d'Amarna (la ville d'Akhénaton qui a aussi donné le nom à l'art qui a fleuri durant cette période). On remarquera que les rayons solaires tendent au pharaon et à son épouse la croix ansée, symbole de vie.

Réponse 232

La réponse correcte est A. Le **périzonium** (de *péri*, autour, et de *djône*, ceinture) est en effet le nom du linge qui ceint les hanches du Christ en croix.

Réponse 233

La réponse correcte est A. Le mot est d'origine italienne (*mandorla*) et signifie petite amande. **Dans le christianisme, l'auréole placée au-dessus de la tête indique l'état de saint ou de martyr.** On place également une auréole au-dessus de la tête de la Vierge et du Christ. Comme synonyme d'auréole, on utilise également les mots nimbe et gloire.

Question 232

Dans la plupart des tableaux représentant la crucifixion, le Christ a les reins ceints d'un petit pagne. Comment appelle-t-on ce pagne ?

A. le périzonium ?
B. le mandilinium ?
C. le péplum ?

Question 233

Lorsqu'il est représenté en majesté lors du Jugement dernier, le visage du Christ est entouré d'une auréole de glorification. Comment appelle-t-on cette auréole ?

A. mandorle ?
B. gloire ?
C. nimbe ?

Histoire de l'art

Question 234

Symbole de l'art religieux orthodoxe, une icône est :

A. un objet décoratif représentant Jésus-Christ, la Vierge ou un saint ?
B. un objet liturgique ?
C. une image pieuse soumise à l'adoration ?

Question 235

Une iconostase, est :

A. une icône signée ?
B. une des stations du chemin de croix ?
C. une cloison couverte d'icônes ?

Réponse 234

La réponse correcte est B. Pour les croyants orthodoxes, une icône n'est ni un objet décoratif que l'on place dans son salon, ni une image pieuse soumise à l'adoration (car on n'adore que Dieu). Par contre, c'est un **objet liturgique destiné à la vénération** devant lequel on prie, devant lequel on se prosterne (proskynèse) et qu'on baise. Le clergé supérieur porte d'ailleurs parfois une icône sur la poitrine (ce qu'on appelle l'**encolpion**). L'icône est une théologie de l'image car, selon la formule de saint Basile, « ce que la parole communique par l'ouïe, la peinture le montre silencieusement ». Au niveau du visage on notera qu'il est toujours de face, le front est important (signe de spiritualité), la bouche fine est toujours fermée (le silence est la plus grande des qualités), le nez est très fin et les oreilles très petites (les organes des sens, terrestres, sont minimisés). On notera également l'**absence de perspective et d'ombre**. À de très rares exceptions, les icônes ne sont jamais signées (ce qui ne signifie pas que l'on n'en connaisse pas l'auteur). On retiendra que **les icônes qui ne respectent pas les canons liturgiques ne peuvent être utilisées pour le culte** (ce sont alors des objets décoratifs mais pas à proprement parler des icônes).

Chapitre 8 : L'art religieux

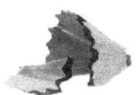

Réponse 235

La réponse correcte est C. Dans les églises orthodoxes, une cloison sépare et cache le sanctuaire (*presbyterium* ou *bêma*) où officie le prêtre de la nef (ou *naos*) où se tiennent les fidèles. Cette cloison est toujours richement décorée d'icônes. Au-dessus de la porte de cette cloison, trois icônes sont généralement placées (l'ensemble porte le nom de *Déisis*) : au centre **le Christ assis sur son trône, à sa droite sa mère** (symbole du Nouveau Testament) et **à sa gauche saint Jean-Baptiste** (symbole de l'Ancien Testament). Ces deux derniers personnages sont dans l'attitude de l'intercession (déisis). D'autre personnages peuvent également occuper cette place centrale mais selon un ordre canonique. Ils s'agit principalement des archanges Michel et Gabriel et des apôtres Pierre et Paul.

Question 236

Dans les icônes, la représentation de Dieu le Père :

A. est permise sous la forme de langues de feu ?

B. est permise sous la forme d'une colombe ?

C. n'est jamais autorisée ?

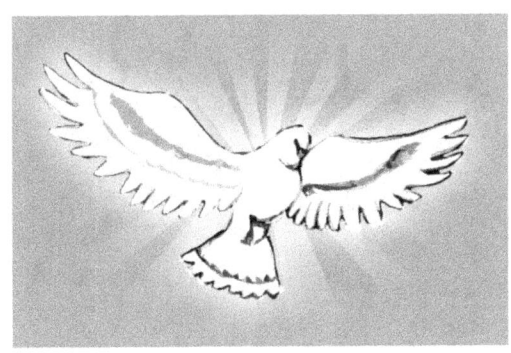

Une colombe, représentation de l'Esprit saint

Réponse 236

La réponse correcte est C. Dans une icône véritable (il y a de nombreuses prétendues icônes réalisées au vingtième siècle par des dessinateurs ignorant tout du canon iconographique orthodoxe), vous ne verrez jamais **Dieu le Père, lequel ne possède qu'une nature divine insaisissable.** Par contre, le Fils Jésus, incarné, sera représenté en insistant sur sa corporéité (contrairement aux autres

Histoire de l'art

Question 237

La croix est un symbole très fréquent dans les tableaux religieux. Sur certains tableaux, on voit le Christ les bras quasi verticaux. Il s'agit d'une croix :

- A. orthodoxe ?
- B. catholique janséniste ?
- C. copte ?

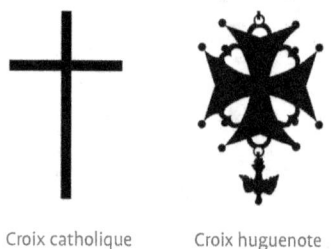

Croix catholique   Croix huguenote

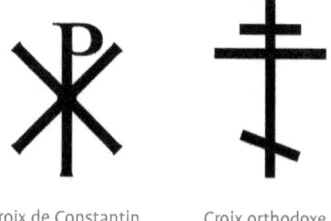

Croix de Constantin   Croix orthodoxe

personnages voilés dans des habits très amples, son corps est bien dessiné). La colombe et les langues de feu sont les représentations symboliques du saint Esprit. Une troisième représentation du saint Esprit, absente chez les orthodoxes, consiste en la représentation de vagues.

Réponse 237

La réponse correcte est B. La **théorie janséniste** est basée sur la prédestination : tous les hommes ne pourront connaître la félicité suprême. Cette théorie se manifeste par une croix où les bras du Christ ne sont pas ouverts sur le monde (bras horizontaux) mais fermés pour n'accueillir que quelques uns (bras verticaux). La **croix orthodoxe** se distingue de la croix catholique par la présence d'une deuxième barre horizontale (pour l'inscription INRI) et d'une troisième barre horizontale pour les pieds (selon les orthodoxes les deux pieds du Christ ont été cloués séparément). Le **crâne**, souvent représenté au pied de la croix, est celui d'Adam qui aurait été enterré sur le lieu de la crucifixion. On notera que la croix comme symbole du christianisme n'est apparue que tardivement dans la dévotion, le symbolisme et l'art. Il ne faut donc pas s'étonner de ne pas la trouver dans l'**art paléo-chrétien**. Les des-

Chapitre 8 : L'art religieux

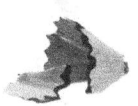

sins ci-après représentent les croix chrétiennes les plus fréquentes :
- Croix catholique
- Croix janséniste
- Croix de saint Pierre
- Croix copte
- Croix de Constantin (qui combine les deux premières lettres du mot Christ : *khi* et *rhô*).
- Croix orthodoxe
- Croix celtique (où le cercle symbolise l'éternité)
- Croix de saint André (croix en X)
- Croix de Jérémie (croix dans un rond).

Question 238

Dans l'iconographie orthodoxe, les différentes représentations de la Mère de Dieu ont toutes reçu un nom. La représentation la plus « sainte » et la plus courante est la Vierge Theotokos. Que signifie cette expression :

A. que Marie est la Mère de Dieu ?
B. que Marie est la Mère de Jésus-Christ ?
C. que Marie a été conçue sans péché originel ?

Réponse 238

La réponse correcte est A. **Marie est non seulement Mère de Jésus-Christ mais elle est aussi Mère de Dieu (*Theotokos*)**. Ce titre lui a été décerné, en 431, par le concile d'Éphèse. Ce concile œcuménique a condamné l'hérésie nestorienne affirmant que Marie était seulement la mère du Christ (*Christotokos*). Les icônes de Marie *Theotokos* doivent toutes répondre à un canon précis. Parmi les autres représentations iconographiques de la vierge chez les orthodoxes, citons la Vierge **Catafige** (de refuge), la Vierge **Épiskepsis** (protectrice), la Vierge **Pantanassa** (reine du monde), la Vierge **Psychosostria** (du salut des âmes), la Vierge **Éléousa** (de tendresse), la Vierge **Hodighitria** (qui

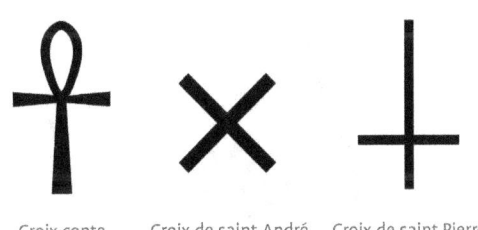

Croix copte   Croix de saint André   Croix de saint Pierre

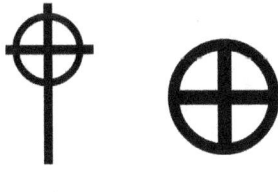

Croix celtique   Croix de Jérémie

Histoire de l'art

Question 239

L'aniconisme est l'absence de représentation figurée dans l'art. Cette interdiction d'origine divine, qui n'est pas sans poser des problèmes artistiques, est respectée par :

A. les musulmans ?
B. les juifs ?
C. les juifs et les musulmans ?

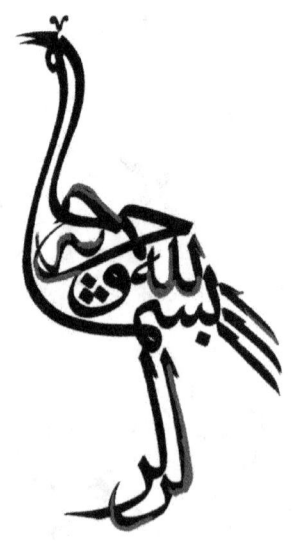

Caligraphie arabe

montre le chemin), etc. Dans la représentation de la Vierge Eléousa, le rapport de tendresse entre Marie et son fils exprime le rapport de tendresse entre la divinité (l'enfant Jésus) et sa mère (qui représente le genre humain). Dans la représentation Hodighitria, la Vierge Marie montre de la main le Christ, assis sur son autre bras. **La Vierge symbolise ainsi le guide (*hodigos*) qui montre le chemin qui passe par son fils, le Sauveur.**

Réponse 239

La réponse correcte est C. Dans l'islam, Allah n'est jamais représenté et Mahomet est toujours voilé. Chez les juifs, toute représentation d'être vivant est totalement interdite (par peur de l'idôlatrie) à l'exception des chérubins sur l'Arche d'Alliance. Chez les chrétiens, bien entendu, le problème ne se pose pas car le Christ s'est fait chair en son fils Jésus. Chez les juifs et les musulmans, on ne trouvera donc jamais aucune image représentant un être vivant (ni a fortiori de statue d'êtres vivants) dans les lieux de cultes et chez les personnes très religieuses. Pour pallier cette difficulté, les musulmans (et dans une moindre mesure les juifs) ont développé **l'art de la calligraphie et des arabesques avec des motifs exclusivement géométriques ou végétaux.**

Chapitre 8 : L'art religieux

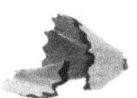

Réponse 240

La réponse correcte est B. Il s'agit de Marais-Milton (1870-1948) dont l'œuvre principale tourne autour de prélats qui passent un bon moment. Les personnages sont truculents, les décors bien plantés et la patte de l'artiste excellente. Il n'est donc pas étonnant que la cote internationale de l'artiste monte d'année en année.

Réponse 241

La réponse correcte est A. Un **ménologue** est une icône divisée en plusieurs parties de manière à ce que chaque case représentée soit les jours d'un mois, soit les mois d'un trimestre ou d'une année. Les ménologues sont disposés dans les églises de manière à ce que les fidèles puissent les utiliser comme un véritable calendrier liturgique. **Chaque case contient soit un saint, soit la représentation d'une fête liturgique.** Les ménologues sont apparus assez tardivement dans l'art byzantin (sous la période des Comnènes, 11e-13e siècles).

Question 240

L'art religieux n'est pas toujours austère mais les peintres qui choisissent cette voie sont plutôt rares. Un artiste français du vingtième siècle s'est particulièrement illustré par la représentation de hauts membres du clergé dans diverses situations (jouant aux échecs, fumant un cigare, jouant avec un chien, etc.). Qui est-il ?

A. Marc Chagall ?
B. Matthieu Marais-Milton ?
C. Picasso ?

Question 241

Qu'est-ce qu'un ménologue ?

A. une icône consacrée à un ou plusieurs mois ?
B. un tableau illustrant un seul sujet ?
C. une statuette d'un saint ?

Histoire de l'art

Question 242

L'or, très présent, dans les icônes, symbolise :

A. la matière incréée ?
B. la sainteté de la vie ?
C. la richesse de l'orthodoxie ?

Question 243

Un des rares iconographes à avoir laissé son nom est Andréï Roublev. Fut-il :

A. prince ?
B. moine ?
C. soldat ?

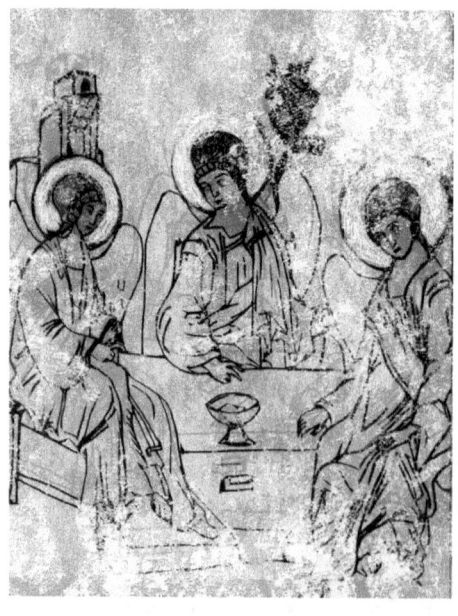

Trinité de l'Ancien Testament (d'après Roublev)

Réponse 242

La réponse correcte est A. L'or est très généreusement utilisé dans l'art des icônes car cette couleur n'existant pas dans la nature, elle symbolise dès lors ce qui est **incréé** et préfigure déjà les **joies du paradis**. Mais le symbolisme de l'or ne se limite pas à cela, il est également un signe tangible de l'Incarnation, c'est-à-dire de la présence divine dans le monde visible par la présence humaine de Dieu dans le corps de Jésus-Christ. On notera que l'or des coupoles des églises byzantines possède la même symbolique.

Réponse 243

La réponse correcte est B. A. Roublev était moine et disciple de saint Serge de Radonège. Il vécut plusieurs années dans le monastère de la Trinité-Saint-Serge à **Zagorsk** (près de Moscou). C'est pour ce monastère qu'il peignit l'icône de la **Trinité de l'Ancien Testament** (c'est-à-dire la représentation des trois anges messagers à Abraham ; ces trois anges symbolisent le Fils, au centre, le Père à gauche et l'Esprit à droite), certainement l'icône la plus connue au monde. Un concile de Moscou du 16e siècle prescrit même aux iconographes de peindre ce sujet en s'inspirant de l'œuvre de Roublev. Ce n'est

Chapitre 8 : L'art religieux

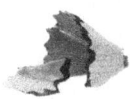

cependant qu'au 18e siècle que le gouvernement russe, sous l'impulsion de Michaïl Lomonossov (un éminent scientifique) prend conscience de la haute valeur des icônes et en commande de nombreuses copies, lesquelles contiennent cependant de nombreuses erreurs dans la représentation des attributs et dans la graphie des textes en glagolithique (ancien russe). Il est à noter qu'aujourd'hui, le monastère de Zagorsk porte le nom de Serguev-Possad et reste l'un des lieux touristiques les plus fréquentés de Russie. **Comme la plupart des icônes, celles de Roublev ne sont pas signées** mais authentifiées par les historiens de l'art. Signalons qu'à partir du 14e siècle quelques rares iconographes (surtout en Grèce) signent leurs œuvres.

Question 244

L'église Saint-Martin de Zillis, à la pointe du célèbre défilé de Via Mala (Suisse), est mondialement connue. Pour quelles raisons :

A. ses plafonds de peintures romanes ?
B. son architecture gothique unique ?
C. les miracles de Via Mala ?

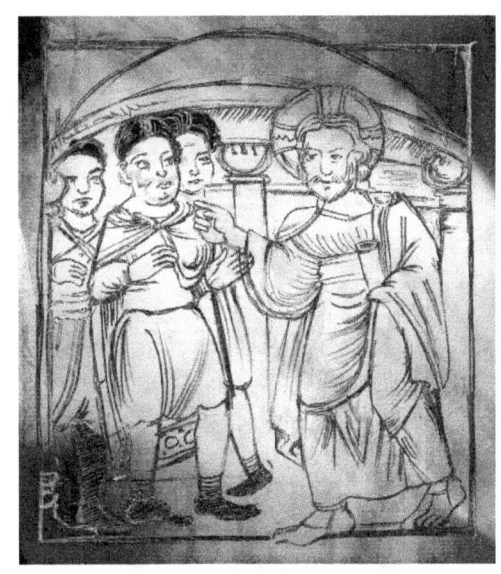

Scène du plafond de l'Église Saint-Martin

Réponse 244

La réponse correcte est A.
La peinture romane du plafond de l'église Saint-Martin est connue dans le monde entier. De très nombreuses scènes religieuses de la vie du Christ y sont représentées (les noces de Cana, le lavement des pieds, la résurrection de Lazare, la Fuite en Égypte, etc.). Le dessin ci-contre est un détail du tableau de Paolo Ucello, *Saint Georges et le dragon* (c.1455-1460).

Histoire de l'art

Question 245

L'arbre de Jessé est l'un des symboles religieux le plus souvent représenté dans l'art. Que représente-t-il ?

- A. l'arbre du bien et du mal ?
- B. l'arbre de la connaissance ?
- C. la généalogie humaine du Christ ?

Question 246

Sur certains tableaux religieux, on peut voir une main dans le ciel. Que représente-t-elle ?

- A. l'aide apportée par Marie à tous les hommes ?
- B. la main de Dieu ?
- C. le pacte noémique ?

Réponse 245

La réponse correcte est C. Cet arbre représente la **généalogie humaine de Jésus-Christ** à partir de Jessé, le père du roi David. Dans cette représentation, Jessé est la racine, Marie la fleur et Jésus le fruit. Cette représentation s'appuie sur une prophétie d'Isaïe, laquelle dit : « Un rejeton sortira de la tige de Jessé, et une fleur s'épanouira au sommet. Sur elle reposera l'Esprit du Seigneur » (Is. 11, 2-3). Du point de vue théologique, notons que certaines traditions font aboutir la généalogie non à Joseph (qui n'est que le père putatif du Christ) mais à Marie.

Réponse 246

La réponse correcte est B. La **main de Dieu** apparaît dans de nombreuses représentations de l'Ancien Testament (ligature d'Isaac, enlèvement du prophète Ézéchiel, remise des Tables de la Loi à Moïse, etc.) et du Nouveau Testament (Crucifixion, Résurrection, etc.). Cette main symbolise la puissance (le mot hébreu *iad* signifiant à la fois main et puissance) et la volonté divine. On notera que **dans l'art religieux juif, la représentation de Dieu le Père est limitée à cette main**. Dans l'art religieux catholique, Dieu le Père est représenté également comme un vénérable personnage barbu, ce

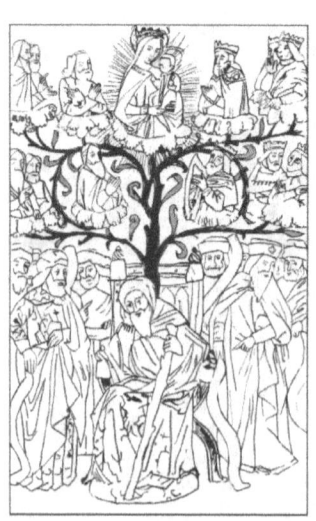

L'arbre de Jessé

Chapitre 8 : L'art religieux

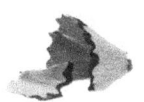

Question 247

Plusieurs peintures religieuses représentent un homme crucifié la tête en bas. De qui s'agit-il ?

A. saint Jean ?
B. saint Pierre ?
C. Judas ?

Réponse 247

La réponse correcte est B. Il est cependant utile de savoir que la crucifixion de l'apôtre dans ces conditions n'est racontée par aucun des Évangélistes ; c'est seulement des **écrits apocryphes**, c'est-à-dire non canoniques, qui le rapportent.

Question 248

Sur de nombreux tableaux et fresques, on voit trois femmes munies d'aromates se rendant au tombeau du Christ pour embaumer son corps. Comment les appelle-t-on ?

A. les embaumeuses ?
B. les myrophores ?
C. les saintes femmes de la Résurrection ?

Réponse 248

La réponse correcte est B. Le mot myrophore signifie, en effet, porteuses (du grec *phoros*) de myrrhe (une gomme aromatique). **Les trois femmes myrophores sont Marie de Magdala, Marie mère de Jacques, et Salomé**. On notera cependant que les Évangélistes ne sont pas d'accord sur leur nombre et certains n'en citent que deux (Matthieu) ou même qu'une seule (Jean). La tradition iconographique a cependant opté pour trois femmes. Ce sont elles qui découvrent que le tombeau est vide et bénéficient sur le chemin du retour de la première manifestation physique du ressuscité.

qu'il n'est jamais le cas dans l'art religieux orthodoxe. Le saint Esprit, lui, est représenté canoniquement par une colombe, des vagues ou des langues de feu.

Histoire de l'art

Question 249

Sur l'immense majorité des tableaux et des crucifix, les clous de la crucifixion sont implantés :

A. en pleine paume des mains ?
B. au niveau du carpe ?
C. à hauteur du pouce ?

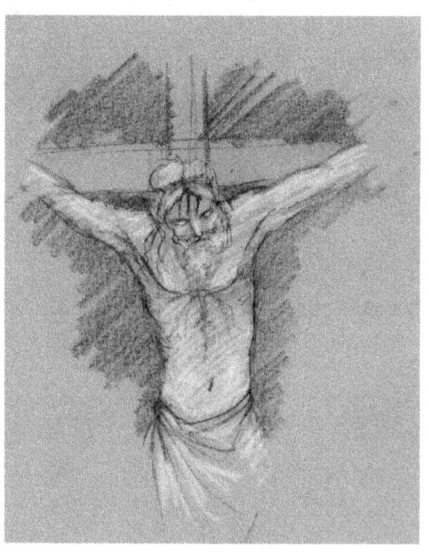

Réponse 249

La réponse correcte est A. En effet, cette représentation incorrecte de la crucifixion est nettement la plus répandue. Néanmoins, certains tableaux de maîtres Flamands (Rubens, Van Dyck) représentent correctement la crucifixion avec les **clous au niveau du carpe** (dans un espace naturel entre les os du Carpe, l'espace de Destot). C'est également au niveau du carpe que les clous apparaissent sur le saint Suaire de Turin (image achéropoïète). On notera également que les **stigmatisés** présentent toujours leurs stigmates en pleine paume, comme le décrit la tradition picturale et, dès lors, ne reproduisent pas les stigmates réels du Christ. C'est ce que confirme d'ailleurs Thérèse Neumann, une stigmatisée célèbre : « Ne croyez pas que Notre Seigneur a été cloué dans les paumes, là où j'ai mes stigmates. Ces marques n'ont qu'une signification mystique. Jésus devait être fixé plus solidement sur la croix[1]. ». Cette représentation incorrecte de la crucifixion provient d'une mauvaise interprétation de la phrase du Christ à Thomas « Vide manus meas », c'est-à-dire : « Vois mes mains »). Concernant le cloutage des pieds, la plupart des artistes occidentaux représentent le pied droit croisé devant le pied gauche

---

[1] Cité par le docteur Pierre Barbet in *La passion de N.-S. Jésus-Christ selon le chirurgien*. (Dillen & Cie), page 119.

Chapitre 8 : L'art religieux

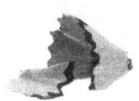

alors que **les orientaux** (orthodoxes) **représentent les deux pieds cloués séparément**. D'après les travaux des anatomistes et la représentation du saint Suaire, un seul clou devait traverser les deux pieds croisés, le gauche devant et le droit directement appliqué sur la croix (les représentations artistiques avec les clous traversant la plante des pieds sont donc tout à fait incorrectes).

Réponse 250

La réponse correcte est A. Cette représentation canonique représente le **parinirvâna** ou nirvâna complet. Le nirvâna est l'arrêt des Cinq agrégats d'existence ou *skandha* (c'est-à-dire tous les phénomènes responsables de l'existence humaine conditionnée). Le mot parinirvâna, bien que synonyme de nirvâna, est plus spécifiquement utilisé pour désigner la mort de Bouddha ou d'un saint bouddhique (*arrhat*).

Réponse 251

La réponse correcte est A. En principe, **l'art musulman interdit toute représentation d'êtres vivants** mais cette règle n'a vraiment été respectée que dans les mosquées. Ainsi, tout le monde connaît les miniatures persanes et les dessins ottomans illustrant les manuscrits religieux. Cependant, si Dieu n'est naturellement

Question 250

Une des représentations canoniques du Bouddha est la position couchée. Que veut-on montrer par là ?

A. la mort du Bouddha ?
B. le repos du Bouddha après le jeûne ?
C. la nature humaine du Bouddha ?

Question 251

Dans l'art musulman, une représentation classique est celle de trois personnages dont l'un a toujours le visage voilé. De qui s'agit-il ?

A. de Mahommet ?
B. de Dieu ?
C. de Satan ?

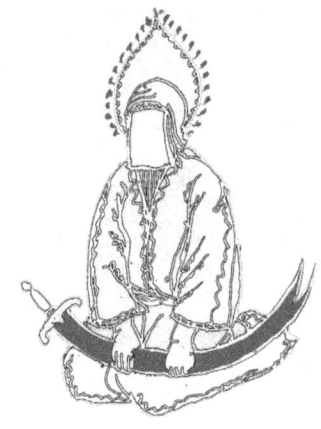

Représentation de Âli

Histoire de l'art

Question 252

L'une des premières représentations religieuses de tous les temps est :

A. une pierre dressée ?
B. un monticule en terre ?
C. une amulette ?

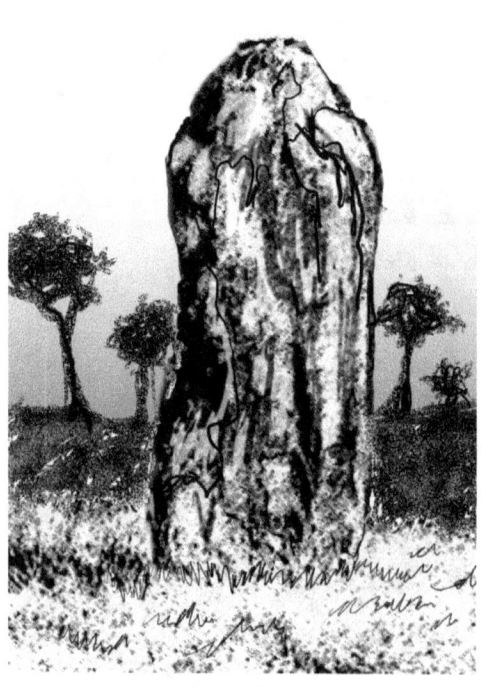

Pierre sacrée

jamais représenté, le Prophète (ou Ali, reconnaissable à son sabre, comme sur le dessin ci-après) lorsqu'il l'est a toujours le visage et les mains masqués et cela quel que soit l'artiste ou l'époque (on comprend, dès lors, l'immense consternation des musulmans devant les caricatures de Mahommet). Les trois personnages habituellement représentés en « trinité » sont le Prophète, **Moïse** (qui occupe une position très importante dans la religion islamique, étant le modèle de Mahommet) et **l'archange Gabriel** (qui a fait descendre le Coran sur Mahommet). Outre son visage masqué, le Prophète est reconnaissable à son habit très simple (souvent vert) qui contraste avec la luxuriance des vêtements de l'archange.

Réponse 252

La réponse correcte est A. Le **bétyle** (ou pierre sacrée, du grec *baitulos* ou de l'hébreu *Bait-El*, maison de Dieu) est présent dans toutes les civilisations orientales (Mésopotamie, Syrie, Égypte, etc.). En Égypte, à Héliopolis, on adorait le **Benben**, une pierre conique qui symbolisait le dieu Atoum-Râ (elle est à l'origine de tous les obélisques). À La Mecque, c'est également autour d'une pierre sacrée (**La Pierre Noire**) que s'organise le

Chapitre 8 : L'art religieux

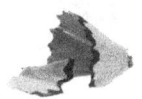

pèlerinage. Selon la tradition, cette Pierre Noire aurait été choisie par Dieu ; c'est à cet endroit qu'Il aurait fait descendre une tente pour abriter Adam et Ève. En Occident, le **mégalithe** (ou « grande pierre ») est présent dans toutes les cultures en tant qu'objet de culte religieux. Selon les régions il a pu prendre différentes formes et porter divers noms (**dolmen** – du breton, table de pierre ; **menhir** – du breton : longue pierre). Certains mégalithes sont uniques et d'autres disposés en alignement (comme à **Carnac**, en Bretagne). Lorsque les menhirs sont disposés en cercle ou demi-cercle, on parle de **cromlech** (du breton : *crom*, cercle et *lech*, lieu). On trouve également des statues-menhirs au pied des pyramides mexicaines, etc.

Question 253

Saint Georges est typiquement représenté transperçant un dragon avec son épée. Dans certaines représentations, le dragon est également tenu en laisse comme un chien. Qui tient la laisse ?

A. saint Georges ?
B. un moine ?
C. une jeune femme ?

Réponse 253

La réponse correcte est C. C'est une jeune femme qui tient toujours le dragon en laisse. En effet, après avoir dompté le dragon auquel était destiné la fille du roi, le saint mégalomartyr et tropaïophoros (porteur de trophées) protège **la princesse sauvée**, laquelle **se sert de sa ceinture comme d'une laisse** pour ramener le dragon, devenu inoffensif, en ville.

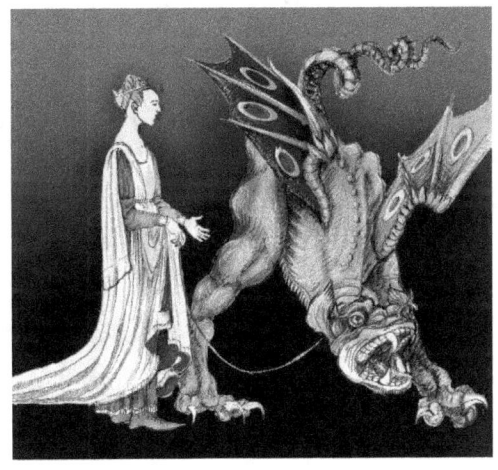

La princesse et le dragon (d'après Paolo Ucello)

Histoire de l'art

Question 254

L'Art du Gandhâra est un art typiquement :

A. gréco-égyptien ?
B. gréco-bouddhique ?
C. gréco-romain ?

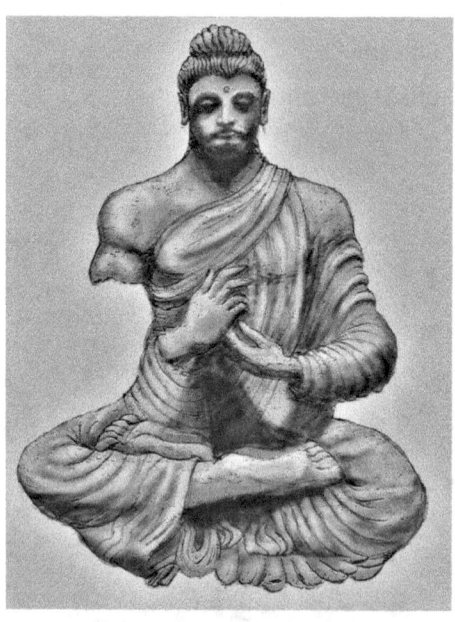

Bouddha

Réponse 254

La réponse correcte est B. Le Gandhâra est une région de l'Inde. L'art du Gandhâra est une **fusion de l'art grec oriental avec l'art de l'Inde du Nord**. C'est dans la région du Gandhâra que l'on voit fleurir entre le 1er et le 4e siècle un art bouddhique fortement influencé par l'art grec (par la suite, il sera également influencé par l'art romain). **C'est la première fois que l'art bouddhique abandonne l'aniconisme** (c'est-à-dire l'absence de représentations figurées dans l'art) et que le Bouddha n'est plus représenté par un symbole (un lotus, un trône, un arbre, des empreintes de pieds, etc.) mais par un être humain pourvu d'un corps et d'un visage. Il s'agit de sculptures en **bas-relief** (c'est-à-dire taillées en faible relief dans une pierre) ou en **ronde-bosse** (c'est-à-dire entièrement taillées dans la pierre et dont on peut faire le tour complet). L'art grec a également fortement influencé l'art égyptien et l'art chrétien en insistant sur l'anthropomorphisme de Dieu et des dieux.

Chapitre 8 : L'art religieux

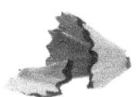

Question 255

Dans l'art religieux, la Triade se rapporte toujours à :

A. la Trinité chrétienne ?
B. toutes les représentations de trois personnages (anges ou divinités) ?
C. la Triade égyptienne ?

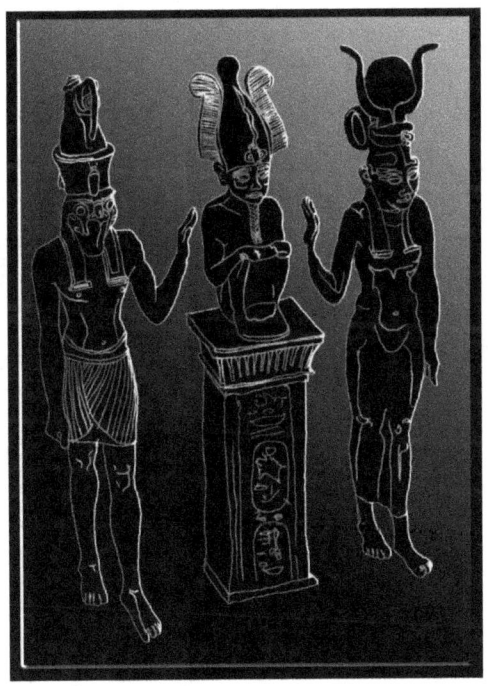

Triade égyptienne

Réponse 255

La réponse correcte est B. Le concept de Trinité (ou de Triade) est aussi ancien que le monde et sa représentation figure dans la plupart des civilisations dont l'antique civilisation égyptienne où les divinités d'une cité sont toujours représentées sous la forme d'une **triade** (père, mère, fils) comme, par exemple, Amon, Mout et Khonsou (à Thèbes) ; Ptâh, Sekhmet et Néfertourm (à Memphis), etc. Dans la religion chrétienne, la Trinité, c'est Dieu le Père, le Fils et le saint Esprit. Chez les orthodoxes, un célèbre tableau représente la **Trinité de l'Ancien Testament** (voir plus haut). Chez les musulmans, Mahommet est souvent représente en compagnie de Moïse et de l'Archange Gabriel. Dans le bouddhisme, le concept de triade s'exprime par les **trois corps du Bouddha** (*trikâya* : corps d'essence, corps de métamorphose et corps humain), etc.

Histoire de l'art

Que nous apprend ce tableau ?

En tant qu'exercice, nous avons sélectionné quelques tableaux de notre collection. Nous vous invitons à regarder attentivement chaque tableau et à tenter d'en découvrir le sens religieux.

TABLEAU 1

Ce tableau du 18e siècle représente deux personnages en prière. Dans le ciel, se dessine un corbeau qui porte un pain dans son bec. Le corbeau portant un pain à un saint est caractéristique de saint Paul. On sait également que saint Antoine a rendu visite à saint Paul dans son ermitage. Ce tableau représente donc la visite de saint Antoine à saint Paul, laquelle est décrite longuement par Jacques de Voragine dans *La Légende dorée*.

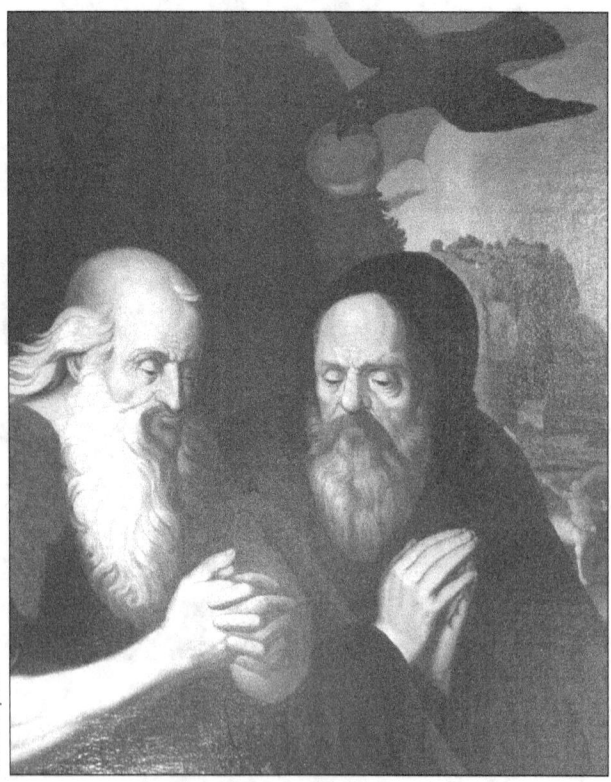

Collection privée

Tableau du 18e siècle

Chapitre 8 : L'art religieux

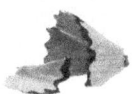

TABLEAU 2

Ce tableau représente une scène de genre où l'on voit plusieurs cardinaux, d'excellente humeur, jouer aux échecs. Le majordome et le petit chien semblent participer à la joie ambiante. La scène se passe dans une grande demeure richement décorée. Les artistes ayant représenté des hauts dignitaires du clergé catholique dans des scènes de ce type ne sont pas légion. Le plus connu est Mathieu Marais-Milton (1870-1948). C'est bien d'un tableau de ce peintre qu'il s'agit.

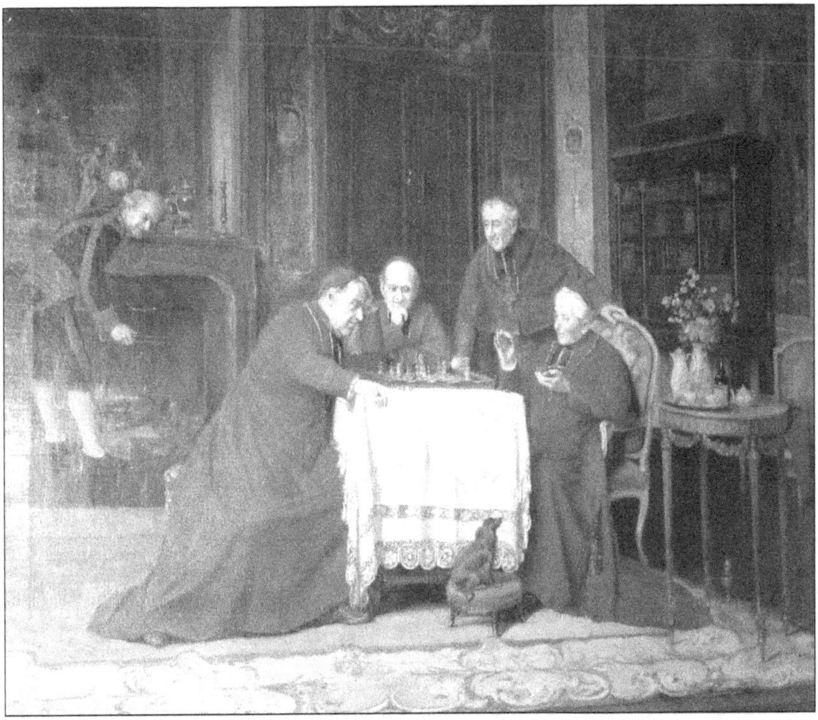

Tableau du 20ᵉ siècle

Histoire de l'art

TABLEAU 3

Il s'agit d'une icône du 18e siècle. La représentation en noir et blanc ne permet pas de s'en apercevoir mais l'or prédomine dans cette icône, comme c'est souvent le cas. L'or n'étant pas une couleur, il représente la divinité et un avant-goût de paradis. Il s'agit d'une représentation des martyrs de la ville de Kiev. Chacun des personnages a été identifié. L'auréole autour des visages indique qu'il s'agit de saints. Au centre de l'icône figure saint Vladimir (le fondateur de la Russie) entouré des saints Boris et Gleb, l'idéal orthodoxe, lesquels sont les premiers saints de la Russie (canonisés au 11e siècle). Étant donné le nombre de personnages, sa grandeur et la présence de saint Vladimir, cette icône est assez rare. La plupart des icônes représentent généralement 1 à 3 personnages ou alors sont des ménologues (icônes-calendrier).

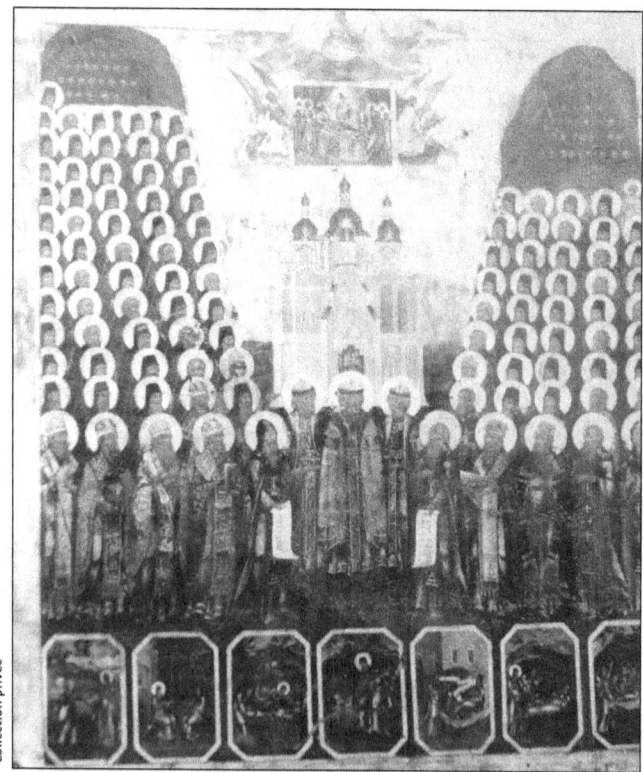

Icône du 18e siècle

Chapitre 8 : L'art religieux

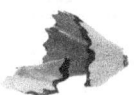

TABLEAU 4

Ce grand tableau (une copie du 18e siècle d'un tableau de Dürer) contient un certain nombre d'éléments symboliques qui doivent en permettre immédiatement l'identification : le chapeau de cardinal, le vêtement de cardinal, le lion docile, le crâne (qui renvoie à la vanité des choses), le sablier (qui renvoie à la méditation), l'activité du personnage, lequel écrit... Il s'agit bien entendu de saint Jérôme, lequel fut ermite mais aussi le secrétaire du pape Dalmate et le réviseur de la Vulgate. Le lion docile renvoie à la légende de saint Jérôme (contée par Jacques de Voragine), lequel ôta une épine à un lion qui ne le quitta plus jusqu'à sa mort.

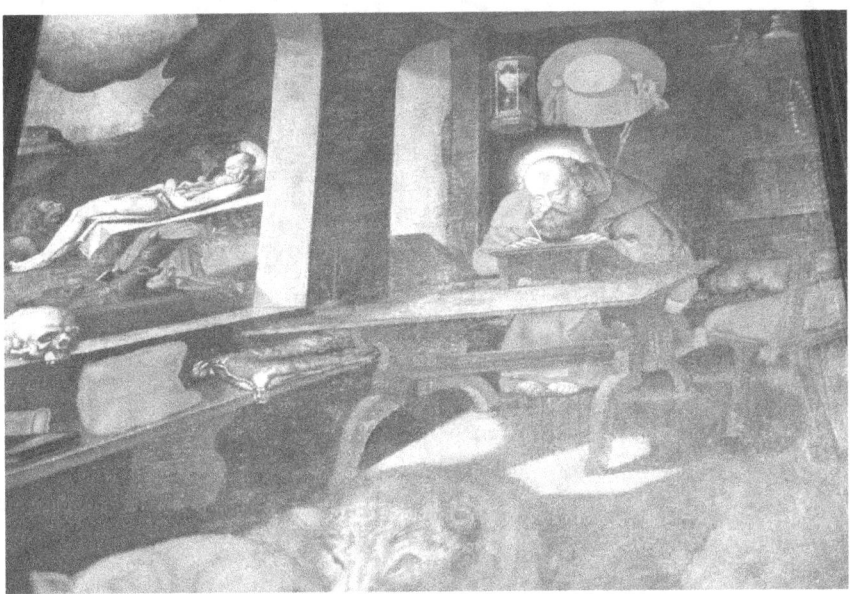

Tableau du 18e siècle

Histoire de l'art

TABLEAU 5

Ce tableau de L. Lecomte représente une scène de prière musulmane. Les orants, pieds nus, sont en prosternation, laquelle est composée d'une inclinaison effectuée en appuyant les mains sur les genoux. La prière complète consiste en une séquence (*raka*) composée de paroles (dont la sourate liminaire du Coran ou Fâtiha, des passages coraniques de son choix et, enfin, de la profession de foi ou shahâda : « il n'y a pas d'autre divinité que Dieu et Mahomet est l'envoyé de Dieu »). Cette dernière est dite en position accroupie, front à terre. On remarquera que l'artiste s'est conformé à l'usage islamique qui est de ne pas représenter la figure humaine.

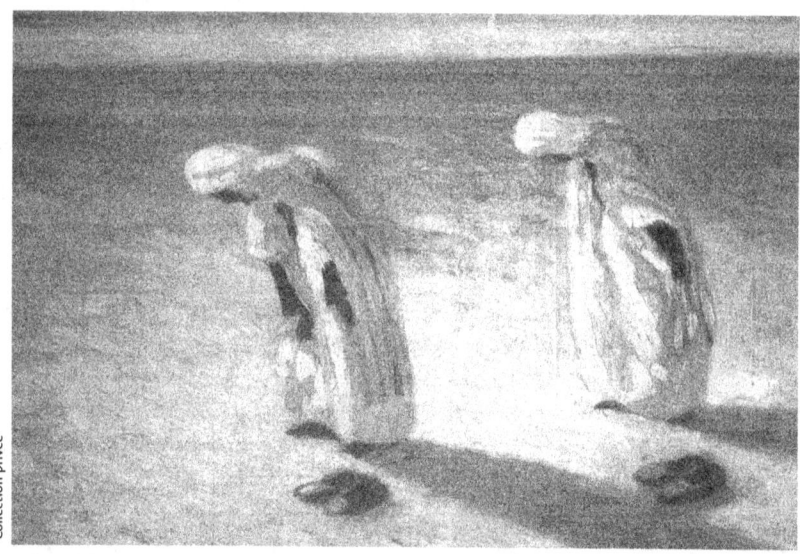

Tableau du 19ᵉ siècle

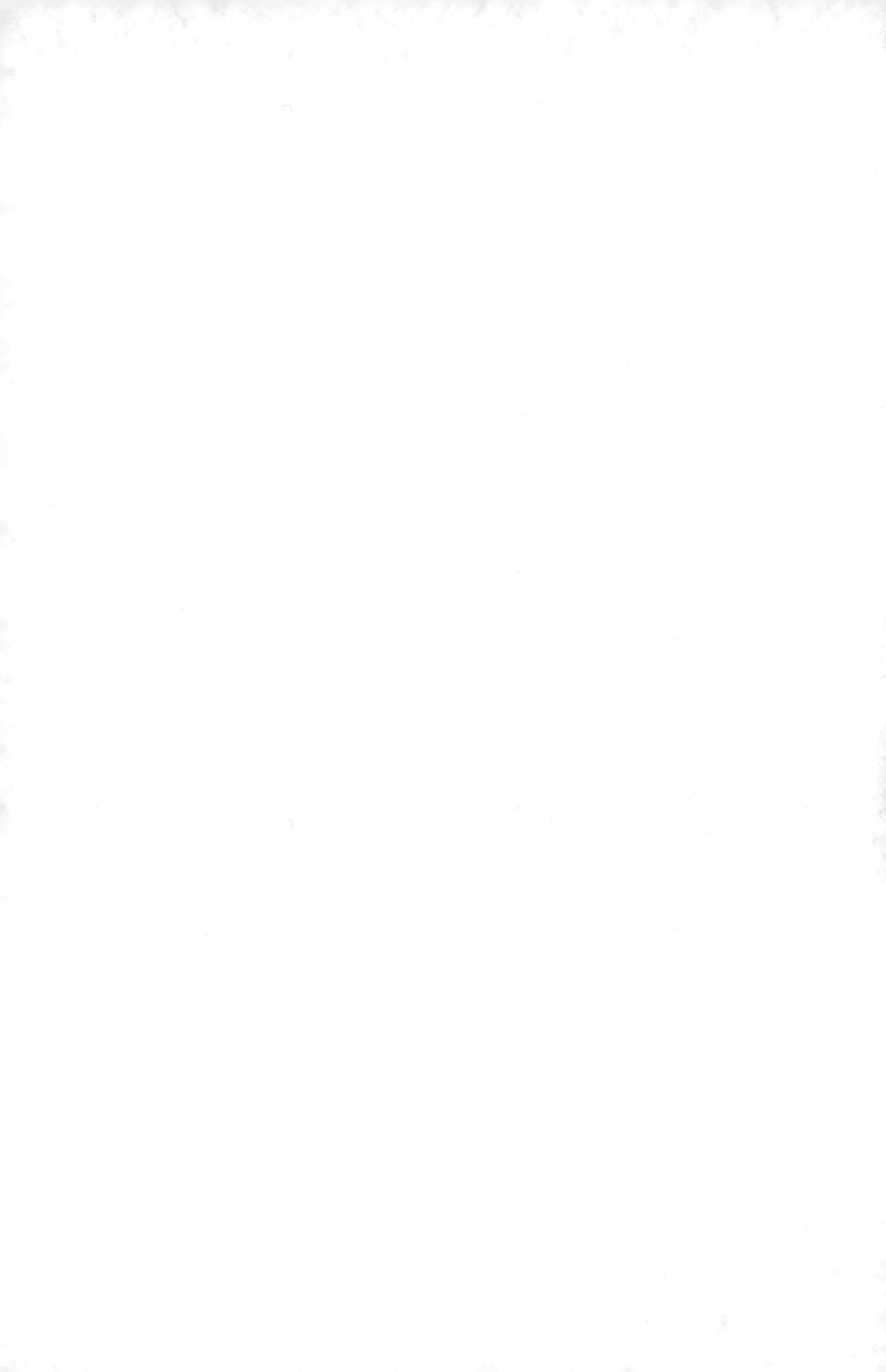

www.ingramcontent.com/pod-product-compliance
Lightning Source LLC
Chambersburg PA
CBHW071159240526
45470CB00017B/352